CHRISTOPHE ALÉVÊQUE

# ÉLOGE DU VIEUX CON
## MODERNE



LES ÉDITIONS DU CERF

*Ouvrage apporté*
*par*

CHRISTOPHE BOURSEILLER


www.editionsducerf.fr
24, rue des Tanneries
75013 Paris

ISBN 978-2-204-14664-7

# Remerciements

Que trouvent ici l'expression de ma profonde gratitude tous les auteurs, essayistes, historiens, philosophes, sociologues, éditorialistes, journalistes qui m'ont inspiré et ont contribué, en m'y aidant grandement, à ce que je formule et structure une pensée qui, je l'espère, aura le loisir de susciter d'autres réflexions sur notre merveilleuse époque.

La liste étant trop longue pour mentionner tout le monde, je ne citerai donc personne.

# En guise de prologue

Le jour où j'ai soufflé vingt bougies sur le gâteau de la vie, si quelqu'un de mal intentionné m'avait dit qu'un jour j'écrirais un éloge du vieux con, j'aurais éclaté de rire où aurais collé ce provocateur contre le mur.

Par quel processus étrange en suis-je arrivé à réhabiliter ce personnage pittoresque qui a toujours représenté à mes yeux le condensé de tout ce que je détestais et combattais ? Comment une désignation qui était pour moi une insulte s'est-elle métamorphosée en compliment ?

Tout bêtement parce que le vieux con a changé. Il a évolué avec son temps.

Effacez tout de suite de votre disque dur l'ancien vieux con de base – le ronchonneur réactionnaire et conservateur – et faites place au modèle moderne.

Vous y êtes ? Voilà encore un paradoxe de notre époque, elle-même paradoxale : on peut être vieux, con et moderne à la fois.

Je pousserai la bizarrerie jusqu'à prétendre que le néo-vieux con incarne la modernité.

Une modernité lucide, j'entends.

Je n'ai, pour ma part, jamais décidé de devenir un vieux con moderne.

Mais quand on n'aime plus le monde dans lequel on respire, que l'on a le sentiment de s'être fait voler toutes les belles idées pour lesquelles on s'est tant battu – liberté, justice, tolérance – par des intégristes, que l'on ne supporte pas la disparition du débat, l'infantilisation permanente, la mort lente de l'esprit critique, l'effacement de l'individu passé dans l'essoreuse à consentement dicté par les sondages, le respect utilisé à toutes les sauces au nom d'une compassion généralisée et d'une sacro-sainte dignité humaine, le principe de précaution poussé jusque dans les confins de l'absurde, les alarmistes de tout poil qui nous les brise menu, le nouveau despotisme moral, hygiénique et sécuritaire, l'encadrement de notre bonheur, la réduction de nos libertés, la censure suivie comme une ombre par sa sœur jumelle l'autocensure, la société de la délation quasi officielle, qu'on aime à la fois la viande rouge et les végétariens, les écolos et sa voiture, qu'on n'a rien contre internet mais qu'on préfère la démocratie, qu'on déteste la politique de la peur, qu'on n'aime pas le manichéisme ambiant, la lente extinction du plaisir, le victimisme institutionnel, le centre mou dur, le repli sur soi, le communautarisme, la notion de racisme systémique, la cancel culture qui devrait s'appeler révisionnisme (mais le terme a déjà été utilisé) et qu'on déteste nager dans le couloir de la pensée officielle, on n'a pas d'autre choix que d'accepter l'étiquette que l'on vous colle – l'époque adore coller des étiquettes – et, avec dignité et panache, d'être un vieux con.

Et, pourquoi pas, en être fier !

À tel point que l'idée saugrenue m'est venue de créer le Club des Vieux Cons Modernes, un espace de liberté comme il n'en existe plus.

À la fin de cet opuscule, qui marquera toute une génération d'individus perdus, désorientés, en manque de repères et de valeurs, un bulletin d'inscription est à votre disposition. Vous pourrez, si le cœur mais surtout l'esprit vous en dit, adhérer à cette joyeuse confrérie.

Avant de remplir votre carte de membre, vous n'aurez pas manqué cependant de lire la Charte du Vieux Con Moderne en 24 points qui la précède.

Car le VCM, ainsi que nous l'appellerons dorénavant, bien que connecté, pense qu'il est préférable de lire avant d'accepter.

# 1.

# Le VCM tel qu'en lui-même

## Qui est-il ?

Le VCM n'a pas d'âge, de sexe, de couleur de peau ou de couleur politique, de religion, et de statut social définis. C'est tout bonnement un penseur libre qui veut diriger sa vie et sa mort impunément.

Un vieux con peut prendre les traits d'une jeune fille de 20 ans, d'un papy de 80, d'une dame de 40 ou d'un homme de 30 ans.

C'est pourquoi je vous demanderai durant cette lecture un effort d'imagination assez délicat et contre-nature : ne pas vous représenter le vieux con avec l'image d'Épinal du mâle blanc ayant dépassé la cinquantaine, ce qui malheureusement est mon cas, ainsi que mon corps me le rappelle, que je le veuille ou non, tous les matins.

Le vieux con peut s'appeler Sandra, une jeune black de 18 ans, ou Sophie, une maman dont nous tairons l'âge, ou Salima, une mamie transgenre qui n'en a plus rien à battre du sien.

Pourquoi pas « vieille conne » dans ces cas-là ?

Parce que le terme est exclusivement péjoratif. Il n'évoque pas la figure rétrograde classique du vieux con, mais l'effigie d'une idiote ayant déjà des années d'expérience en la matière. Ce qualificatif reste au premier degré, il est donc inapproprié en plus d'être laid et purement offensant.

J'ai donc décidé que le mâle se sacrifierait en endossant seul la locution, et que le masculin, pour cette unique fois, l'emporterait sur le féminin.

J'espère qu'aucune femme ne verra dans cette victoire du masculin sur le féminin une quelconque dénégation de la parité ou de l'égalité entre les sexes, bien au contraire. Libre aux femmes d'utiliser le féminin si ça leur chante et de crier dignement : je suis une vieille conne !

Vous l'aurez compris, l'une des caractéristiques du VCM réside dans son imagination débridée, à l'inverse de la société actuelle qui ne goûte que l'imagination cadrée.

Le VCM est un.e empêcheur.euse de tourner en rond, à l'esprit de contradiction développé et l'esprit critique en alerte permanente. Il ou elle n'a pas eu d'autre choix – devant la nouvelle idéologie progressiste aussi obscurantiste qu'un communisme sans les barbelés du Goulag mais avec des vitrines achalandées – que de se révolter. C'est donc un.e révolutionnaire, plutôt un.e conservateur.trice de la révolution, qui n'aime pas que l'on dirige ses émotions, sa vie et son œuvre.

J'arrêterai ici l'écriture inclusive. Non pas que l'idée me déplaise, mais simplement parce qu'écrire tout un ouvrage, si léger soit-il dans sa forme, mais ô combien grave sur le fond, dans cette configuration, m'emmerde.

## *Que veut-il et ne veut-il pas ?*

Le VCM ne supporte pas le nouvel ordre moral qu'il a pourtant contribué à installer.

Il est donc pétri de contradictions, comme l'époque.

Il est tolérant avec la tolérance, mais aussi avec la connerie car il sait qu'il n'est pas à l'abri d'y sombrer, à l'inverse des partisans de l'idéologie dominante, les disciples de la bien-pensance, adeptes du politiquement correct ou champions de la bienveillance qui s'en pensent hors d'atteinte alors qu'ils la nourrissent quotidiennement, alignant bêtise sur bêtise en ayant le sentiment diffus de penser juste et de sauver l'humanité.

Il peut avoir de la tendresse pour les cons, mais jamais pour les cons prétentieux.

Le VCM déteste la dictature de l'opinion pour une raison très simple, il n'a jamais bu un verre avec elle. Le jour où on la lui présentera, peut-être changera-t-il d'avis.

L'opinion est la reine du monde, disait Voltaire. Elle en est maintenant le despote. Le VCM pour autant n'est pas fou. Il a conscience de faire partie de cette fameuse opinion aux millions de visages. C'est pourquoi il est encore moins enclin à jouer le rôle de son propre despote. Il laisse cela aux masochistes. Même si, quelquefois, on mériterait de se taper dessus soi-même.

Le VCM, meurtri dans son être et dans ses pensées, n'a pas d'autre choix que de se rebeller envers ce qu'il considère être des dérives dangereuses pour la société.

Tel le chevalier, il a décidé de partir en croisade contre cet Empire du bien – si bien décrit par Philippe Murray – qui, sous le voile des bonnes intentions, est en train de saboter nos libertés et nos plaisirs.

À une époque où l'on glorifie le mouvement, le changement, les avancées technologiques, le progrès à tout prix, le VCM philosophe. Il surveille le cours des choses d'un œil critique et débonnaire. Mais, ne venez jamais lui marcher sur les pieds, il pourrait mordre.

Le VCM se moque que le héros qui sauve le monde soit une héroïne, que ses enfants suivent des cours en distanciel ou que la mode soit à l'ubérisation à tous les étages. Il se pose toujours la lancinante question : est-ce un réel progrès pour l'être humain ?

S'il n'est pas tendance, il est audacieux.

Il vit avec son temps, mais il le prend.

Il aime que l'évolution ait un sens, de préférence le bon.

Il n'est pas nostalgique, même si, quelquefois, devant les absurdités et le désarroi de notre époque, il éprouve une certaine mélancolie. Il regrette avec tristesse la légèreté et l'insouciance d'un passé pas si lointain, cette frivolité disparue à jamais, cédant la place à une angoisse et un alarmisme chroniques.

L'avenir est devenu un concept, il ne peut pas s'y résigner.

Le VCM a gardé son âme d'enfant, il est un éternel adolescent, il a envie de jouer, de profiter, de jouir, sans qu'on lui en donne l'autorisation ou la permission.

Il a envie de braver les interdits, il est resté espiègle.

Le n'importe quoi, voilà ce qu'il regrette le plus ! Ce n'importe quoi qui nous manque cruellement. Ces espaces d'inorganisation hors normes, hors cadre, hors contrôle. Ce bordel ambiant où peut se glisser un peu de vie.

Le VCM est comme la montagne. Elle ne bouge pas, reste la même en apparence, et tout le monde la trouve belle.

Après cet élan poétique d'un autre âge, il est temps de développer plus avant les raisons qui ont motivé l'auteur, moi-même en l'occurrence, à assumer son statut de Vieux Con Moderne.

# 2.

# Le VCM et le crépuscule du progressisme

## *Est-ce que c'était mieux avant ?*

Est-ce que c'était mieux avant ? Le VCM se fout de cette fausse question. Ce n'était ni mieux ni pire. C'était.

Ne tombons pas dans le piège de l'opposition stérile entre les anciens et les modernes, ce qui revient une fois de plus à monter les uns contre les autres : l'époque adore aussi ça et c'est également tendance. Passéiste ou futuriste, on ne lui fera pas plus ce plaisir.

Prétendre que c'était mieux avant, c'est faire preuve d'esprit critique autant que de mauvaise foi.

Est-ce que la vie était plus agréable il y a quarante ans de cela ? Je répondrais sans hésitation : « oui ! ». Pour la bonne raison que j'en avais quarante de moins.

Et puis, avant, mais quand avant ?

Dès que le mot est prononcé, sans même attendre que soit précisé un repère chronologique, les béats de la modernité quoi qu'il en coûte vous agonisent d'injures. Vous préférez le Moyen Âge, mourir à trente ans sans dents, sans tout-à-l'égout et sans double vitrage, rongé par la petite vérole ? Hitler, Staline, Pol Pot, c'est ça que vous voulez ! ? La dictature, la guerre, la torture ! ! ? ?

Vous pouvez répondre que l'espérance de vie limitée à trente ans réglait le problème des retraites, que vous n'aimez pas la guerre parce qu'elle fait des morts mais que la paix fait des ravages et que maintenant c'est mieux : on ne déteste plus les Allemands, mais les musulmans.

Ou encore, pourquoi pas, que si le progrès technique a permis à ceux qui mettent encore les mains dans le cambouis de se soulager, il a aussi permis au chômage de prospérer et que le mal de dos reste le mal du siècle. Vous pourriez également ajouter que maintenant, grâce au télétravail, les employés se suicident chez eux.

Si on vous parle de la tuberculose qui tuait massivement, vous pouvez arguer que de nos jours, ce sont d'autres virus qui tuent indistinctement. Ou l'air. Ou le stress. Ou les médicaments.

Le VCM n'entend pas entrer dans ce débat aussi infécond que discuter du fait que le pape est croyant, ce qui amuse seulement les médias en mal de sujets polémiques car un tel sujet ne perturbe pas leur premier commandement : pas de couilles, pas d'embrouille.

Il ne se veut ni progressiste énamouré, ni conservateur invétéré, mais lucide. Les pieds et le cerveau ancrés dans la réalité, position idéale pour rêver.

À noter, cependant, que le VCM né dans les années 1950 ou 1960, lorsqu'il venait à traverser la rue à vingt ans, c'est-à-dire dans les années 1970 ou 1980 et s'il survivait – parce qu'à l'époque les gens roulaient vite et bourrés –, trouvait du boulot sur le trottoir d'en face.

Ce fait d'histoire est incontestable. C'est d'ailleurs pour cette raison que je ne traversais jamais la rue.

Avoir vingt ans dans les années 2020 n'est pas une sinécure. La génération des « milléniaux », comme disent les sociologues, est née avec une dette colossale à rembourser, une capote sur le gland, un téléphone greffé à la main, avant qu'on ne lui colle un masque sur la tronche et bientôt, avec le niveau de la mer qui monte, un tuba dans le bec.

Le VCM ne peut supporter ce lamentable constat. Ayant gardé une âme d'enfant, il se sent donc, quel que soit son âge, lésé et agressé.

## *Salir à tout prix le passé ?*

Le VCM ne se fout pas du passé. Ce qui contrarie son temps et contriste ses contemporains. Et ça, il s'en fout.

Afin que notre monde occidental, décrété idéal, paraisse encore plus merveilleux qu'il ne l'est ou le semble, les tenants du nouvel ordre moral ont décidé de le salir. Leur programme pourrait se résumer à ce slogan : avant c'était caca, aujourd'hui on tire la chasse.

La stratégie est aussi réchauffée qu'un vieux café, mais elle fonctionne comme jamais. On liste tous les fourvoiements, les erreurs, les dérives ou les crimes de nos ancêtres imparfaits. On noircit le tableau au besoin pour faire ressortir le contraste avec la société dans laquelle nous avons la chance de vivre et qui lave plus blanc que blanc tout en respectant les couleurs.

Hier on mangeait n'importe quoi, on buvait, on fumait, on roulait vite, on polluait, on mentait, on harcelait, on violait, on faisait la guerre, on asservissait, on spoliait. C'était l'enfer.

Aujourd'hui n'est qu'intégrité morale et physique, positivité, éthique, responsabilité, exemplarité, citoyenneté, bienveillance, transparence, protection, justice. C'est le paradis.

La ruse de Sioux consiste à charger le passé des oripeaux de la culpabilité afin que le présent ne revête que les habits de l'innocence. Si j'osais, que le présent apparaisse comme un cadeau.

On déboulonne les statuts de tous ceux qui n'ont pas un CV aussi lisse que la pensée actuelle. Ce qui va poser un problème de taille : où vont aller chier les pigeons ?

Le VCM ne veut pas tomber dans le panneau du *mea culpa* généralisé. Il considère qu'une erreur assumée n'est plus une erreur alors qu'une erreur effacée en restera toujours une. Caviarder une partie de la biographie humaine, c'est tricher.

N'empêche. On police l'écriture, on purifie la pensée, on purge l'art.

À tel point qu'au rythme où va le curetage, à force d'extirper du répertoire chaque œuvre qui ne répond pas aux critères de perfection immaculée du monde contemporain, il ne va plus nous rester que la Bible (tiens, une nouvelle religion !). Encore faudra-t-il revoir et censurer les versets qui pourraient être jugés trop violents, trop bellicistes, trop racistes, trop sexistes ou trop homophobes et trop « trop ». Donc, je retire immédiatement cette idée saugrenue : même pas la Bible. Mais le manuel du citoyen puritain accompli, tellement humaniste qu'il en est devenu intégriste.

Ici, on prévient le visiteur à l'entrée de l'exposition Gauguin que l'artiste a entretenu des relations sexuelles avec des jeunes filles.

Là, on alerte le spectateur du film *Autant en emporte le vent* sur le caractère raciste du long-métrage. Ailleurs, *Lolita* de Nabokov est retiré des programmes universitaires. Chez Walt Disney, les siamois des *Aristochats* ont été coupés au montage dans la nouvelle version en ligne parce que leur apparition pourrait choquer la communauté asiatique. Quant aux Peaux-rouges de *Peter Pan*, ils ont été supprimés par respect envers la minorité amérindienne.

Et ce n'est qu'un début.

Bientôt, un avertissement en gros caractères rouge sang sur la couverture préviendra les lecteurs que, dans le roman qu'ils envisagent d'acheter, certains personnages pètent à table en mangeant de la viande crue.

L'épuration culturelle en cours avance irrésistiblement. Pour notre bien à tous. Escortée de cette même considération a peine voilée : n'oublions jamais que nous, les conscients, nous nous adressons à des cons.

Le VCM considère que les lions ne doivent pas être remplacés par des matous et que le génie n'a à être au service ni de rien, ni de personne.

## Quid *alors du progrès ?*

Les rapports du VCM au progrès sont on ne peut plus sains et peuvent se résumer en quelques phrases.

Si la société évolue, le cancer aussi.

Celui qui a inventé le marteau frappeur a inventé le doigt écrasé.

Un train peut transporter d'aimables voyageurs, mais aussi des déchets nucléaires.

Et puis, avec l'arrivée de la carte bleue, du téléphone portable, de l'ordinateur personnel, des caméras de surveillance, des biotechnologies et de l'identification de l'ADN, on ne peut plus tromper son mari ou sa femme tranquillement.

Ce qui, vous l'avouerez, n'est pas humain.

Le VCM estime donc qu'il est fondamental d'opérer un tri sélectif au sein des manifestations du progrès qui nous a apporté, entre autres, l'urgence climatique.

Nous ne sommes contraints ni d'en être des adeptes fanatisés, ni d'acheter aveuglément tout ce qui revêt son label certifié incontestable.

Le progrès n'est pas forcément synonyme d'amélioration, même si le mouvement idéologique qui le glorifie voudrait nous faire avaler le contraire. Une réforme n'est pas nécessairement une avancée, qu'elle vienne de la droite, de la gauche ou du centre.

Le VCM juge, au contraire, qu'il serait pressant que, de temps en temps, on arrête de réformer sans arrêt pour absolument montrer qu'on est moderne, qu'on bouge, qu'on change.

Il préfère philosopher et débattre, quitte à se tromper. Dans ce dernier cas, il sera au moins sûr de son erreur puisqu'elle sera le fruit d'une réflexion mûrie et partagée. Il pourra donc envisager l'inverse de ce qu'il pensait juste, en étant cette fois mieux assuré d'avoir raison. Avant, il croyait au progrès, maintenant il croit au doute, ce qui lui permet de rester éveillé.

Le VCM peut et sait changer d'avis.

Le progrès a enfanté, c'est clair, le progressisme. Autrement dit, la volonté de transformer le monde en concourant au bien de l'humanité.

Restons factuels. Les avancées en matière scientifique et médicale sont indéniables. En matière sociale, sociétale, religieuse, culturelle, environnementale, et j'en passe, elles sont discutables. Mais en matière de chose politique, ce sont le recul et le repli qui emportent l'évidence. Le décrochage est simplement flagrant.

Comme l'a souligné Edgar Morin le jour de ses cent ans, « il y a un vide de la pensée politique ». Le VCM, qui a adoré s'engager, est malheureusement en parfaite adéquation avec l'analyse du vénérable ancien. Il est tombé, comme beaucoup, dans le piège de la ringardisation de la classe politique.

Depuis trop longtemps, c'est vrai, nous sommes dirigés par des comptables dont la vision à long terme ne dépasse pas l'année en cours et pour qui gouverner ne signifie ni prévoir, ni arbitrer, mais communiquer. Quitte à se prendre, sur les conseils de quelque fabricant d'images, pour Jupiter.

Le VCM en retire qu'une élection présidentielle à un tour n'améliore pas la santé d'une démocratie déjà mal en point.

Longtemps aussi, la principale stratégie des partis dominants, gangrenés par le nombrilisme militant, les luttes stériles d'égos démesurés et l'absence de cogitation, a consisté à agiter l'extrême-droite, qu'ils ont participé à faire grandir, comme un épouvantail à cons. Puis, à jouer les vierges effarouchées et à se draper derrière un supposé front républicain. Lequel n'a jamais été rien d'autre que l'expression d'un non-choix absolu et un déni de la démocratie qu'il était censé sauver.

Le VCM pense pour sa part que quand on parle de front républicain, il est déjà trop tard. Il fallait y penser avant.

L'ancien monde a éclaté parce qu'il était à bout de souffle, usé, vermoulu. Il a laissé la place à un centre mou-dur dont le but est de pousser la droite et la gauche les plus bêtes du monde vers les extrêmes pour mieux les détruire. Toutefois, le nouveau monde ressemble comme deux gouttes d'eau à l'ancien sans avoir une quelconque de ses petites vertus.

Le VCM, dans ce cas précis, préférera toujours l'original à la copie. L'interrogation fondamentale qui le tourmente est la suivante : avons-nous progressé en matière de bonheur ? Rien n'est moins sûr et c'est bien là qu'est l'os.

Le VCM laisse la politique de côté car elle le mérite.

## *Le grand renversement*

Quand on regarde de près et sans lunettes déformantes la présente réalité, que reste-t-il des bonnes intentions du bel aujourd'hui ? Qu'elles sont impératives car elles émanent du Bien absolu contre lequel on ne saurait lutter.

La vie, c'est mieux que la mort ; la fraternité, c'est mieux que la haine ; la paix, c'est mieux que la guerre ; l'emploi partiel, c'est mieux que le plein chômage… abrégeons là cette litanie de tautologies qui est en puissance infinie. Que pourrait-on y ajouter ? Rien. Il faut donc la fermer.

Le VCM a décidé de ne pas se taire. Ce n'est pas qu'il a tant à dire, mais il est comme ça.

Le souci d'objectivité devrait cependant nous pousser à ouvrir grand les yeux et à dresser le constat contradictoire qui fait ressortir combien les miracles qu'on nous sert sont des mirages qui nous abusent.

Plus on diabolise la violence, plus elle augmente.

Plus on prône la justice sociale, plus les écarts de richesse se creusent.

Plus on lutte contre la drogue, plus les addictions de toutes sortes croissent.

Plus on lutte contre la prostitution en prohibant le trottoir, plus elle se cache sur internet et se banalise.

Plus on entend récriminer certaines féministes sectaires, plus le machisme s'affirme.

Plus on met en avant la laïcité, plus l'obscurantisme se réveille.

Plus on promeut le vivre ensemble, plus on crée du repli sur soi.

Plus on lutte contre le racisme et l'intégrisme, plus le communautarisme se développe.

Plus on incite les gens à aller voter, plus l'abstentionnisme fait la Une.

On dirait une réaction chimique inarrêtable. Pourtant, on persiste. Parce que le nouvel ordre agit au nom du Bien. Et donc que, forcément, c'est bien.

Le VCM pense que ce froid et indéniable constat devrait faire cogiter le plus idiot d'entre nous.

Peut-être les féministes les plus fanatiques ont-elles besoin des machistes les plus caricaturaux pour exister ? Les antifafs, des fafs ? Les écologistes, des pollueurs ? Et réciproquement ?

Peut-être que l'époque, obsédée par le désir de trop bien faire, voit le mal là où il n'est pas ?

Peut-être la nature humaine ne veut-elle pas qu'on l'oblige ?

Peut-être qu'empêcher l'être humain d'être imparfait nourrit son imperfection ?

Peut-être l'humanité a-t-elle besoin d'avoir des défauts ?

Peut-être, comme le disait Freud, qu'« il est toujours possible d'unir les uns aux autres, par les liens de l'amour, une plus grande masse d'hommes, à la seule condition qu'il en reste d'autres en dehors d'elle pour recevoir les coups » ?

Le VCM n'a pas de réponses à apporter à ces interrogations, mais une question supplémentaire à leur ajouter.

Peut-être qu'on devrait réfléchir à tout ça ?

C'est une position sans doute décevante. Mais le VCM ne détient aucune solution miracle apte à guérir nos maux.

Il ne veut surtout pas rejoindre la cohorte des cerveaux surdimensionnés aux égos démesurés qui savent tout sur tout sauf où ils habitent puisqu'ils ne semblent pas vivre dans le même monde que le nôtre.

Ce qui manque cruellement à notre époque est un temps uniquement consacré à philosopher. Une philosophie du réel, pas trop éloignée de nos tares et de nos failles, à laquelle nous apporterions tout un chacun notre modeste contribution. Un moment d'éducation mutuelle qui ne tiendrait ni du bourrage de cerveaux, ni de la propagande. Mais pour cela, il faudrait laisser du temps au temps, ce qui n'est pas gagné en un siècle où la mobilité a supplanté la stabilité, et où les secondes semblent durer moins longtemps.

Le VCM a la certitude que, plus qu'à un choix politique, nous sommes confrontés à un choix existentiel.

# 3.

# Le VCM et notre laid aujourd'hui

## *Le couloir de la mort cérébrale*

Tout commença lorsque l'État lança des campagnes de sensibilisation aux méfaits du tabac et de l'alcool dont il taxait par ailleurs lourdement le commerce. Il aurait été plus honnête qu'il les appelle des campagnes de culpabilisation, les recommandations ayant tourné aux restrictions avant de virer aux interdictions.

Qui aurait osé s'insurger alors contre le tabagisme passif, l'ivresse meurtrière, le poumon clair et le foie lisse ? Notre santé était en jeu, mieux, notre bien commun. Ce fut pourtant le début d'une ingérence dans notre vie personnelle, nos comportements quotidiens et notre façon de penser la société en général.

Depuis, de politique répressive en politique coercitive, de nouvelles normes, de nouvelles lois, de nouvelles règles, de nouvelles recommandations, de nouvelles restrictions, de nouvelles interdictions se sont empilées les unes sur les autres, dictant toujours plus nos conduites et notre manière d'aborder cette page blanche qu'est la vie.

Toujours pour notre bien. Donc, rien à redire.

Nous n'avons rien vu arriver, on ne se défie jamais du bien.

Certes, le VCM ne fera pas l'apologie du tabac et de l'alcool, il en connaît les effets et les abus, mais il aime – s'il en éprouve le désir – fumer une clope ou boire un coup sans se retrouver au trou en compagnie des tueurs en série. Seulement, il ne veut pas qu'on lui dicte sa conduite ou qu'on lui gâche ses petits plaisirs. Il part du principe qu'on ne doit jamais prendre l'individu pour un con, sinon il risque d'y jouer.

Il faut maintenant sauver la planète, ne plus faire la guerre, lutter contre les virus et la misère, manger sain, défendre les minorités, militer pour la justice, faire preuve de responsabilité, ne pas cesser d'agir de manière solidaire, citoyenne, civique, respectueuse et exemplaire, promouvoir le vivre ensemble, soutenir la diversité et ne pas oublier, entre-temps, d'arrêter de fumer et de boire : la liste est tellement longue qu'une fois qu'on l'a commencée, on ne se rappelle plus le début.

Nous avons petit à petit perdu, ne parlons même pas du libre arbitre, en lucidité. Comme si, avec notre consentement, des verres correctifs nous avaient été collés sur le nez. De gros carreaux déformants qui nous permettent de nous contenter de ce qu'on nous donne, de désirer ce qu'on nous permet, de regarder ce qu'on nous montre et de refuser ce qu'on nous interdit.

Depuis, nous nageons avec satisfaction dans le bain à couloir unique de la pensée officielle. C'est celui de la mort cérébrale. Intellectuelle et éthique. Nous ne saurions le quitter de peur de nous retrouver noyés sous un torrent de critiques, voire d'insultes.

Positivons, la piscine c'est bon pour le mal de dos.

En fait, la réalité et la vérité se sont petit à petit délayées dans ce bassin où flottent fièrement le consensus et l'unanimité sur commande, une pratique aussi étrangère au débat démocratique que peut l'être une bonne-sœur à YouPorn.

Le VCM aime trop le réel et goûte trop la vérité, si tant est qu'elle soit unique et universelle, pour accepter de ramer dans le couloir de la pensée défunte et obligatoire qu'on lui a désigné. Il pense, peut-être à tort, qu'à force de vouloir encadrer notre bonheur avec les plots du Bien, on convoquera le Mal et on créera du malheur.

Si ce n'est déjà le cas.

## Exit *le plaisir, retour du prude*

Nous vivons dans un drôle de monde où nous avons de moins en moins la liberté ou le droit d'être un peu immoral, voire un chouïa transgressif.

Ne parlons même pas de l'éventualité de se laisser aller en public à des obscénités qui, par leur effet défoulant, pourraient pourtant s'avérer salvatrices. L'humour, qu'il soit grossier, vulgaire ou potache, est devenu soit inutile, parce que gratuit, soit sacrilège, parce que décapant et, dans tous les cas, est l'expression de mauvaises pensées ou tout simplement d'une bêtise crasse et invétérée. C'est au choix.

Quant au second degré, croyez-en votre humble serviteur, même s'il s'appuie sur un raisonnement construit et des faits attestés, et qu'il ne vise en finalité que le rire et pourquoi pas une petite dose de réflexion, il est de plus en plus difficile à pratiquer.

D'un côté, un *come-back* des prêches puritains dans les médias écrits ou audiovisuels tandis que le ministre de l'Éducation nationale prône la parfaite invisibilité des nombrils et des tétons à l'école et exige une tenue « républicaine », oubliant que les premiers républicains s'appelaient les sans-culottes.

De l'autre côté, un étalage pornographique de viande sur internet et un déversoir d'insultes à caractère sexuel sur les réseaux sociaux : ainsi va l'époque, soit on verse dans le prude, soit dans le cul.

Mais sans doute beaucoup arrivent encore à trouver du plaisir dans cette double régression.

Le VCM, lui, a de plus en plus de mal. D'où sa frustration non dissimulée.

## *Respect général...*

Nous sommes entrés dans l'ère lumineuse du respect. Le VCM ne se rend pas compte, il en est conscient, de la chance qu'il a de vivre dans un monde merveilleux. Où il n'y a plus de vieux mais des anciens, plus d'aveugles mais des non-voyants, plus de cul-de-jatte mais des personnes à mobilité réduite, plus de gros mais des personnes en surcharge pondérale. Nous avons anéanti toute une partie de la population et tout le monde trouve ça bien !

De nos jours, on devient vite un méchant phobe. Les occasions sont en effet nombreuses d'être incriminé de ce vilain délit.

Si vous avez l'outrecuidance, en dehors de la sphère privée, d'appeler un gros un gros, vous serez accusé de grossophobie.

Si vous critiquez sainte Greta Thunberg, l'icône verte du sauvetage planétaire – qu'on peut remercier au passage car, grâce à elle, nous avons découvert que le mythe de la Suédoise ouf était une idée reçue –, vous basculez dans le camp des adophobes. Quel rapport avec le climat ? Il est assez lointain, mais cet exemple montre à quel point le respect peut devenir une arme de destruction massive de la pensée.

Le fameux respect !

On en bouffe à toutes les sauces du respect ! On nous gave au respect ! On nous enterre sous le respect !

Le nouvel ordre moral a décrété la compassion généralisée au nom de la sacro-sainte dignité humaine.

Une bonne idée en apparence.

Sauf que si vous parlez à un mec sourd comme un pot en le considérant comme un déficient auditif, il ne va rien entendre, il va penser que vous vous moquez de lui, et vous risquez d'être classé parmi les sourdophobes.

Pour agir sur la triste réalité, nous avons décidé d'agir sur la langue en pensant que changer les mots changerait les mauvaises pensées qui vont avec.

Bienvenue chez les Bisounours.

Pour agir sur la triste réalité, nous avons trituré le respect dans tous les sens, nous l'avons déformé et contrefait à tel point que l'on ne sait plus ce que le terme recouvre.

Grâce à la novlangue qui sonne aussi faux qu'elle est polie, nous pensons avoir tout guéri et, surtout, notre conscience s'en trouve allégée comme le yaourt à 0 %. C'est-à-dire un ersatz de yaourt.

Le VCM n'aime pas les subterfuges et reste accroché à la définition classique du respect, à savoir « le sentiment qui porte à accorder à quelqu'un de la considération en raison de la valeur qu'on lui reconnaît». Aussi a-t-il trop de respect pour le respect pour ne pas le respecter.

Pour le reste, il existe un monceau de lois pour régler le problème et faire le tri entre injure, diffamation et vérité bonne à dire.

Le VCM, dans ces matières, se réfère à la loi qui manque pourtant cruellement d'humour car elle est censée être la même pour tous.

À noter cependant que la violence verbale se porte toujours aussi bien, voire mieux, malgré tous les louables efforts pour que l'individu contemporain ne soit que respect sur pattes, ce qui prouve leur inefficacité. À se demander, en conséquence, si l'interdit ou la punition ne seraient pas des excitants contre-productifs.

## *... et indignation généralisée*

Mais dans notre univers rénové de valeurs immaculées, le respect seul ne suffit pas. Ce serait trop simple.

Il est devenu primordial de s'indigner. Pour tout, partout, surtout à l'encontre de tout ce qui dépasse un tant soit peu du couloir de la pensée officielle.

Chaque être humain ayant le respect chevillé au corps et à l'esprit doit faire preuve d'indignation.

Elle est devenue généralisée.

Les néo-moralisateurs l'ont glorifiée. Elle est désormais fêtée, vénérée, adulée. Son nom, gravé en lettres de feu sur le manuel de la bonne conduite des années 2000, devenu le onzième commandement porté par l'Éternel en personne sur les Tables de la Loi, chatoie devant nos regards condescendants : « Honore ton père et ta mère, et l'indignation. »

Seul est digne celui qui s'indigne.

Le VCM, bien que ne supportant aucune forme d'injustice, d'inégalité, de maltraitance, d'outrage, ou d'usurpation du pouvoir, considère que trop d'indignation tue l'indignation.

Il observe que l'honnêteté de l'indignation s'étiole à force d'être dupliquée de façon permanente.

Il considère que l'indignation ne doit devenir ni un tic social, ni une obligation de bon aloi. Surtout quand elle est sélective. Rien n'énerve plus le VCM.

En plaçant au sommet du baromètre de l'indignation les millions d'enfants qui meurent de malnutrition ou de manque de soins chaque année dans le monde, s'indigner parce qu'une voiture a brûlé ici ou là, que machin a traité machine de conne ou l'inverse, paraît risible.

Surtout, si ces millions d'enfants nous quittent dans la plus parfaite indifférence.

C'est pourquoi le VCM considère qu'on ne peut pas s'indigner sans arrêt. Il préfère relativiser et prendre du recul afin de faire preuve d'un minimum de bienséance.

Un migrant qui meurt noyé en Méditerranée le plongera dans la même indignation qu'une femme tuée sous les coups de son mari en France.

Les victimes d'un conflit lointain le révolteront tout autant que les victimes d'un conflit local.

C'est pourquoi, le VCM apprécie peu que les guerres proches que fait l'Occident ne soient pas aussi dignes d'indignation, pour le club des humano-indignés, que les guerres lointaines et exotiques qui se font sans l'Occident (du moins en apparence).

Peut-être que le simple fait d'y penser pourrait augmenter dangereusement leur bilan carbone ?

## *Un oxygène de plus en plus anxiogène*

Que vivons-nous, sinon une époque crispée où les représentations et les repères classiques ont disparu, laissant place à un désert de la pensée ? Un *no man's land* intellectuel où l'idée même de l'avenir se réduit au concept du Jour d'après.

Le VCM constate qu'il ne faut guère aimer le monde pour désirer autant le voir finir.

À écouter les alarmistes de profession, les prophètes de mauvais augure, les chantres de l'apocalypse, les angoissants et les stressants de tous bords, quel monde allons-nous laisser à nos enfants ?

Une planète toujours plus malade marquée par un réchauffement climatique grandissant et une extinction lente mais sûre des mammifères, des oiseaux, des insectes, des plantes.

Une dette gigantesque que l'on ne remboursera jamais, mais nous ne savons pas encore quand.

Un accès à la retraite à 85 ans.

Un terroriste à chaque coin de rue, caché derrière un virus.

Un monde où l'éléphant se découvrira plus fragile que la souris.

Certains malades de la tête en déduisent qu'il vaudrait mieux que nous arrêtions de nous reproduire afin que la biosphère retourne à sa splendeur d'autrefois.

Le VCM considère pour sa part que ce serait une régression pour l'humanité que de s'assimiler à l'espèce des lemmings suicidaires.

Trop tard ! Déjà, le danger est omniprésent. Même chez vous. Les détergents qui rongent la peau, les savons liquides qui donnent de l'eczéma, les casseroles qui filent le cancer, l'eau du robinet chargée en plomb, l'air saturé de particules toxiques, les bactéries grouillant sur le parquet, les acariens pullulant dans le matelas : votre petit nid douillet, c'est Tchernobyl !

Manger est devenu menaçant à cause du gras, du sel, du sucre, des pesticides, du glyphosate, des calories, du jambon blanc qui est rose à cause des nitrites, du thon rouge qui vire au noir après avoir été teint à la betterave sulfatée : tout ce qui est bon est mauvais.

Ce qui incite le VCM à boire. Mais dès qu'il lève le coude, la junte hygiéniste aboie qu'il met sa santé en danger. Alors, il bâfre.

En plus de nos angoisses, nos enfants vont hériter de nos peurs. Nous tentons de survivre, à en croire les bilieux congénitaux, dans un monde dominé par l'effroi. Peur de la mondialisation, de la crise, de la récession, du chômage, peur de l'immigration, de l'insécurité, de la violence, peur de la surconsommation, de la tromperie, du harcèlement, du virus, de notre voisin. Et peur même de notre ombre.

Devant ce constat terrifiant, dressé au nom de raisons parfois surréalistes, mais malheureusement souvent incontestables, le VCM a décidé de relativiser.

Non pas qu'il ait renoncé à un monde meilleur ou qu'il pense que l'inaction serait la solution adéquate à tous nos maux, mais il ne veut pas ajouter de l'angoisse à l'angoisse. Il n'entend pas finir, en attendant la fin de l'univers, avec un ulcère ou un cancer.

Accepter de nourrir l'angoisse et de vivre dans la peur, c'est consentir à être animé par des émotions nuisibles qui sont de surcroît mauvaises conseillères. Ceux qui prétendent nous gouverner le savent, particulièrement les bras cassés qui se pressent au portillon du pouvoir, ce qui peut arriver et arrive, tant ils sont manifestement nombreux. Après l'avoir conquis, ils s'ingénient à diriger nos affects, puisque c'est le seul levier de maîtrise qui leur reste. Quant aux extrémistes de tout poil, ils utilisent particulièrement nos angoisses et nos peurs pour nous dicter le comportement qu'ils attendent de nous. L'émotion est le ferment de leurs prétendus programmes.

Le VCM préfère des dirigeants qui assument leur choix sans jouer sur les cordes sensibles. Bien qu'étant conscient de l'urgence climatique, de la nécessité et du bienfait de s'engager pour l'environnement, quand il entend certains écolos, il finit par avoir de la sympathie pour la pollution.

Si nous laissons s'installer cette atmosphère anxiogène, nous allons finir par nous y sentir comme des poissons dans l'eau. Nous allons dévorer, assimiler, digérer cet air contaminant et nous y fondre. Vivre sous angoisse va devenir notre mode de vie. Ce qui suscitera des réactions et des résultats inverses au but recherché. Au lieu de nous inquiéter du devenir de la planète, de nous soucier d'améliorer le fameux et fumeux « vivre ensemble », nous raisonnerons comme le condamné à mort avide de profiter de ses derniers instants.

La peur peut-être un bon guide qui mène vers les sommets, trop de peur une imposture qui mène droit vers le précipice.

Le VCM, décidément, refuse de se prendre pour un lémurien.

# 4.

# Le VCM, Big Mother et ses chevaliers de l'Apocalypse

## *Haro sur le mal et couvre-feu moral*

Le nouvel ordre moral a ses chevaliers blancs, pétris d'humanisme, hérauts de la justice, défenseurs de la dignité et redresseurs de torts. Ils se sont invités sans frapper dans nos vies et nos esprits. Ce néo-despotisme a de particulier qu'il est délicat de lutter contre lui puisqu'il ne veut que notre Bien. Il encadre notre vie et fait notre bonheur 24 heures sur 24.

Un magnifique chemin nous est tracé, de l'échographie obstétricale aux soins palliatifs en passant par les plans sociaux et les gestes barrière. Mais, ne nous y trompons pas, ce n'est pas Big Brother qui nous regarde. L'œil qui nous scrute est celui du Bien maternant, protecteur de la nature, du bien-être collectif et de la santé publique. C'est Big Mother et ses milliards de paires de prunelles. C'est nous.

Nous sommes devenus nos propres despotes.

Le VCM ne supporte aucune forme de tyrannie, même si elle vient de lui.

Bien que partant de ces bons sentiments dont l'enfer est pavé, la lutte contre le Mal et pour le Bien à tous les étages est vouée à l'échec. L'angélisme, pour ne pas dire la bêtise, selon lequel traiter le Mal par le Bien équivaut à passer le linge sale à la machine à laver, se leurre sur toute la ligne. Pour une simple et bonne raison, que d'éminents philosophes ont tenté de nous expliquer depuis des siècles, mais nous sommes bouchés : c'est le Mal qui mène le jeu, le Bien ne fait qu'y réagir. Ou, plutôt, c'est lui qui écrit la trame du scénario tant il est inventif et qui provoque, en retour, l'idée de progrès. Raison pour laquelle les écrivains et les artistes le jugent aussi fascinant que repoussant, passionnant que révoltant.

Ôtez Palpatine et Dark Vador de la *Guerre des étoiles*, et plus question de saga, mais un pauvre épisode unique qui aura l'allant et l'allure d'un catalogue intergalactique de La Redoute.

Supprimez d'un coup de baguette magique les réactionnaires, vous supprimerez aussitôt les progressistes qui n'auront plus aucune raison d'exister. La nécessité du rempart s'évapore sans ennemis pour le cerner.

C'est sans doute pourquoi le chevalier de l'empire du Bien ne nous conçoit qu'acculés. En lutte contre l'extrémisme et le populisme, il n'oublie jamais, dans la splendeur de sa magnifique tartuferie, de les titiller, les nourrir et les entretenir pour continuer à pouvoir nous catéchiser.

Le VCM estime qu'il s'agit là d'un jeu dangereux qui pourrait précisément conduire un jour au pouvoir ceux à qui il prétend barrer la route. Il estime également que l'hypocrisie inhérente à cette ritournelle n'arrange rien à l'affaire.

Pourquoi parle-t-on des manifestations seulement lorsqu'elles sont sujettes à violences ? Parce qu'il y a alors du spectaculaire à raconter, parce que les images sont d'un coup télégéniques, parce que l'on peut ainsi sacraliser ou anathématiser l'ire populaire.

Une manifestation a besoin de casseurs pour faire la Une du JT, donc exister, même si le message s'en retrouve brouillé. Faites défiler 100 000 personnes dans le calme, le respect, le civisme, et l'événement passera inaperçu tandis que le message ne sera certes pas dévoyé mais inexistant.

Ce n'est ni bien, ni mal, ou les deux, c'est la réalité.

Le VCM ne supporte pas d'entendre que des manifestants doivent faire preuve d'une « colère polie », pour la même raison qu'il est impossible de monter en bas.

Le Bien peut donc, s'il est mal appréhendé, devenir un grand danger. Pire encore, partant du principe que, tout en luttant contre le Mal nous avons besoin de lui, il est aisé d'imaginer que le Bien peut également créer du Mal afin de poursuivre son combat. Comme le notait Jean Baudrillard : « Personne ne semble avoir compris que le Bien et le Mal montent en puissance en même temps, et selon le même mouvement. Le triomphe de l'un n'entraîne pas l'effacement de l'autre ; bien au contraire. »

Le VCM n'entend pas entrer dans ce cercle vicieux.

Le nouveau monde du Bien n'a, en réalité, rien de naturel et il est autant porteur de toxicités que le Mal qu'il dit combattre. D'ailleurs, à vouloir réduire le Mal à zéro, on l'encourage à se venger et il réapparaîtra, plus virulent encore, partout. On ne se méfie jamais assez du Bien. C'est pour cette raison qu'il ne faut pas hésiter à lutter contre le Bien pour son bien.

Ne nous méprenons pas, bien sûr qu'il faut combattre le racisme, l'obésité, l'antisémitisme, le cholestérol, la pédophilie, l'amiante, la violence faite aux femmes, la vitesse sur la route, la souffrance animale, mais s'il reste une petite brochette de crétins, d'abrutis et de tarés qui peinent à le comprendre, c'est pour notre bien à tous.

Le VCM imagine à quel point cette thèse est ardue à accepter, mais l'être humain possède cette particularité essentielle : il est imparfait. Si l'on essaie de le rendre parfait, il court à sa perte et à sa fin.

Rassurez-vous, nous en sommes très loin. Et c'est tant mieux. En attendant, comme l'écrivait si justement Proust : « On devient moral dès qu'on est malheureux. » Et ça, c'est tant pis.

## *Négationnisme de l'hommerie*

« Là où il y a de l'homme, il y a de l'hommerie », disait Montaigne, et Voltaire a largement documenté cet axiome : l'être humain est pétri de faiblesses et d'erreurs. Vouloir le nier, comme le font les nouveaux prêcheurs de l'universelle bonté, est une forme de connerie congénitale ou, pire encore, de totalitarisme inné. Refuser qu'il ait de multiples facettes et qu'elles comportent des aspérités, des défauts, des tares et des vices, c'est le désavouer dans son ensemble, c'est condamner son côté justement humain, c'est nager dans un océan de déni où va sombrer inévitablement sa conscience.

L'Homme est une erreur sur pattes.

Vouloir le rendre lisse, le contraindre à la tolérance zéro à l'égard de tout écart, l'encager dans une morne Beauce morale, le forcer à la perfection, c'est le mettre en danger, le rapprocher de l'encéphalogramme plat, c'est-à-dire de la fin de vie en camisole chimique. Et, vouloir lui imposer un monde de Bien absolu, là où partout la tentation existe et persiste, revient à enfermer un alcoolique dans une cave viticole ou à lâcher un pédophile dans un camp scout.

Attention, si le VCM accepte la part d'ombre de l'être humain – son cerveau reptilien, ses failles, son penchant pour la haine et la bêtise –, c'est pour mieux l'appréhender et ainsi l'amender. Il pense qu'essayer de comprendre d'où vient le mal reste le meilleur moyen pour le guérir. Et que trop crier à la tolérance revient à armer l'intolérance.

Il en va de même pour le nouveau culte de la transparence. Cette expression galvaudée sert de fourre-tout à ceux qui, dépourvus de la moindre honnêteté intellectuelle, s'activent pour entretenir le flou. Ils ne cessent ainsi de faire accroire au citoyen moyen qu'il vit dans une société individualiste dont il serait le roi Nombril I^er^. Alors que le pauvre hère n'est qu'un pantin noyé dans une mare, livré en pâture à des crocodiles anthropophages et narcissiques.

Le VCM estime qu'il est toujours préférable de dire la vérité à la population, même si celle-ci est difficile à entendre. Il n'aime pas cette société qui veut faire basculer l'individu du prêt-à-porter au prêt-à-penser. Il veut garder son libre arbitre qu'il estime plus important que son ombilic.

Instable, contradictoire et taquin, l'être humain est constitué de telle manière qu'il a besoin d'obstacles extérieurs pour grandir, à commencer par ces phénomènes qui se nomment injustice, violence, lutte et que, non sans raison, il redoute.

L'histoire le prouve toutefois : c'est dans le sang et les larmes que se sont édifiées les plus grandes conquêtes, dont celle des libertés. Ce ne sont pas les Bisounours qui ont rédigé les Droits de l'homme.

Dans sa tout extrême bénévolence, la nouvelle société de l'allégresse au sein de laquelle nous étouffons voudrait que le progrès dont elle se croit maîtresse advienne sans méfiance, sans heurts, sans colère, sans cris, sans dérapages, sans vitres brisées, sans poubelles brûlées.

Elle est folle.

Elle construit un château de cartes qui s'écroulera au moindre coup de vent un peu violent puisqu'il a, lui, le droit de se déchaîner.

Imaginons néanmoins qu'une telle société réussisse, une telle perspective faisant partie du domaine du possible. Sur quels sujets nos futurs grands auteurs écriraient-ils ? Sur quels thèmes nos grands penseurs phosphoreraient-ils ? Eux qui ont toujours été inspirés par notre côté sombre et la dimension tragique de notre condition. Ils deviendraient aussi plats et ennuyeux que leur époque, avant de disparaître, tels les renards volants.

En attendant la fin de l'histoire à laquelle nous prépare le Bien absolu – fort hypothétique toutefois et sans aucun regret – le réel danger pour le VCM réside dans la nécessité non moins absolue qu'éprouvent les « bien-penséistes » de tous poils d'avoir des ennemis à abattre. Ils sont capables, preuve en est, d'exacerber les différences, d'attiser les colères, de liguer les uns contre les autres, de pousser les plus calmes à exploser et les plus pacifiques à devenir agressifs pour mieux les montrer du doigt et les désigner à la vindicte populaire. La bien-pensance crée des monstres pour mieux s'en servir.

Le VCM tâche de rendre l'être humain meilleur sans avoir à user de ce subterfuge malsain et pervers.

## *Le fléau des racistantiracistes*

À défaut de Parousie et en attendant l'Apocalypse, notre époque croit vivre Armageddon, la bataille finale de la Lumière contre les Ténèbres. Ce combat a ses champions. Ce sont les chevaliers du Rien-pensant adoubés par Big Mother qui n'aime rien tant que diviser pour régner.

Quel ne fut pas le choc pour un VCM tel que moi, que de découvrir au cours de l'année 2019 qu'il était raciste !

Horreur et stupéfaction !

Après avoir lutté toute ma vie contre toute forme d'intolérance, voilà que j'étais catalogué parmi les sectaires de la couleur de peau.

Chers lecteurs, si vous faites partie du système, et vous n'avez pas le choix, sachez que vous l'êtes aussi.

Suivant un courant de pensée aussi saugrenu que logique, le racisme est devenu systémique : vous appartenez au système, le système est raciste, vous êtes raciste. C'est aussi simple et basique que la pensée d'un raciste.

Cette généralité me rappelle ces clichés selon lesquels les femmes ne savent pas conduire, les hommes ne savent faire qu'une chose à la fois, les fonctionnaires sont des fainéants ou encore les Français sont sales.

Il faudra désormais rajouter que celui qui fait partie d'un système raciste l'est. Si tant est que l'on aura d'abord prouvé que le système l'est.

On ne s'en sortira pas.

Depuis cette funeste découverte, le VCM que je suis, déjà réfractaire à la moindre locution qui finit par « -phobe » ne veut plus jamais entendre le mot « systémique ».

L'un des problèmes majeurs des détenteurs du nouvel ordre moral, ardents opposants au racisme – c'est tout en leur honneur –, est qu'ils n'habitent pas réellement notre monde. Ils ne connaissent souvent des Maghrébins que le tajine au poulet du troquet de la rue d'à côté, ou des Sénégalais que le poulet yassa du livreur ubérisé.

Que font d'ailleurs les bien-penséistes pour lutter contre le racisme ? Ils ôtent l'effigie d'Oncle Ben's sur les paquets de riz. Du coup, quand vous achetez un paquet, vous ne savez plus si c'est du riz. Avant, on avait le réflexe de Pavlov : oh, l'oncle Ben's, on va faire une paella ! Il faisait partie de la famille, il la mangeait avec nous la paella. Fini ! Plus de Noirs à table.

Ce raisonnement primaire, plus de Noirs plus de racisme, dérange le VCM. Ne serait-ce pas les prémices d'une logique un tantinet raciste ?

De toute façon, un Noir n'est plus un Noir depuis longtemps, mais un homme de couleur. De même qu'un musulman n'est plus un musulman, mais un suspect qui mérite notre respect.

Même logique implacable avec le roman *Les Dix Petits Nègres* rebaptisé *Ils étaient dix*. Dix quoi ? S'ils avaient été onze, ils auraient au moins pu jouer au foot. Bientôt, ils seront peut-être neuf, ou peut-être douze, si le livre en vient à être entièrement réécrit par un nègre. Allez savoir.

Quant aux Têtes de nègre, elles ne sont plus en vente sous ce nom dans les pâtisseries alors que, je vous le rappelle, il faut battre les blancs au fouet pour les fabriquer.

Du coup, voyez-vous, ce terme de « nègre » que votre humble auteur n'a pas souvenir d'avoir prononcé et encore moins couché par écrit en 57 ans, il aura fallu qu'il soit censuré pour qu'enfin il l'utilise.

La nouvelle idéologie antiraciste du nouvel ordre moral qui lave plus blanc tout en respectant le noir est vicieuse.

C'est pourquoi le VCM se demande si la bonne volonté ne porterait pas malheur.

Qui plus est, le mot nègre n'a pas la même signification dans la bouche d'un suprématiste du Ku Klux Kan que lorsqu'il vient sous la plume d'Aimé Césaire : « Il est temps de mettre à la raison ces nègres qui croient que la révolution, ça consiste à prendre la place des blancs et continuer sur le dos des nègres, à faire le blanc ».

C'est pourquoi le VCM refuse l'amalgame : toute personne utilisant ce terme n'est pas immédiatement soupçonnable de racisme, surtout Aimé Césaire.

Gare à nous, cependant : beaucoup d'idées à la con en provenance du Nouveau Monde ne tardent pas à débarquer sur le Vieux Continent. Outre-Atlantique, à Denver précisément, certains extrémistes de la tolérance ont même imaginé des centres de remises à niveau afin que les déviants intègrent définitivement la pensée-comme-il-faut. D'humbles femmes blanches payent pour y apprendre à quel point elles sont racistes malgré elles sous la houlette humiliante de gentilles organisatrices noires qui se délectent à les pousser dans leurs limites.

Le VCM est prêt à se dévouer pour toute personne en manque d'offenses et réclamant qu'on la maltraite afin de capter l'attention et de se sentir enfin exister. Il possède un répertoire inépuisable en matière d'insultes.

L'écueil d'un si merveilleux état d'esprit pour lutter contre l'intolérance devrait sauter aux yeux. D'autant plus si l'on considère que les nouveaux antiracistes se divisent en deux catégories : ceux qui prônent le mélange des couleurs et ceux qui veulent rester dans le même pot.

La deuxième catégorie inquiète fortement le VCM.

Comment lutter contre le racisme en refusant le mélange, refus qui s'apparente à une forme de racisme ? Le mot compliqué pour définir ces personnes est « racialiste ». Mais ce n'est jamais qu'une subtilité de vocabulaire.

Nous pourrions donc nous retrouver, si on laisse faire les racialistes – ils sont en train de gagner du terrain, vu qu'ils se reproduisent entre eux –, avec des antiracistes racistes. Le tout, dans une société idéologiquement rêvée et prônée par les mêmes comme multiraciale et qui se transformerait petit à petit en société multiraciste.

Le VCM voit là un grand danger.

Pour mettre tout le monde d'accord, il me paraît nécessaire que nous nous tournions vers les préhistoriens et autres paléoanthropologues. En remontant dans le temps – 60 000 à 100 000 ans en arrière – nous disent-ils, nous étions tous noirs. Le Blanc est né en Afrique. C'est un fait.

Des autochtones ont alors décidé de quitter ce qui deviendra le continent africain pour venir s'installer dans ce qui deviendra le continent européen. Nous ignorons les raisons de ce départ. Peut-être trouvaient-ils qu'il y avait trop de Noirs ?

Les peaux se sont ensuite éclaircies, il y a 6 000 à 10 000 ans, jusqu'à M. Jackson.

C'est donc après avoir quitté l'Afrique que le Blanc est devenu colonialiste. Vous voyez bien que l'être humain est tordu, c'est dans sa nature, pourquoi le nier ?

Sachez donc que si vous êtes blancs et que vous faites preuve d'une attitude discriminatoire envers les Noirs, vous reniez vos arrière-grands-parents.

Force est de reconnaître, enfin, que s'il n'y avait que des Blancs, ou que des Noirs, ou que des Indiens, ou que des Arabes, ou que des Asiatiques, ou que des Oranges sur terre, l'être humain se montrerait encore raciste sur les nuances de teint.

Ce constat désespère le VCM.

## *Les pestes de l'ultra-féminisme*

Nous avons, tous sexes confondus, vécu sous la domination masculine pendant des siècles. Si je tiens à préciser « tous sexes confondus », c'est parce que de nombreux poilus n'ont jamais décidé de dominer qui que ce soit. Au contraire, certains d'entre eux ont même fait beaucoup pour qu'une telle domination s'arrête ou du moins s'estompe.

Domination masculine ? Les dernières découvertes scientifiques sur la femme et l'homme préhistoriques battent en brèche les idées reçues. Il y a trois millions d'années, les femmes partaient également à la chasse et les hommes participaient aussi à la domesticité.

Quand j'entends dire que la fête est finie pour la gent masculine, je me demande quelles réjouissances passées on évoque. Je n'ai pour ma part jamais eu le sentiment de participer à une fiesta.

Même s'il est vrai que j'ai profité d'une situation confortable à l'insu de mon plein gré.

De toute façon, le statut de l'homme a changé comme a changé celui du cheminot.

Parlons donc plutôt d'avenir, même si celui-ci reste une abstraction par les temps qui courent.

Le VCM, qui peut être (je le rappelle au passage) un homme ou une femme, se veut un féministe convaincu à défaut d'être convaincant.

En revanche, quel que soit son sexe de base – il peut éventuellement décider d'en changer en cours de route –, il fera le même constat devant les thèses développées par certains de ces mouvements féministes extrémistes ou énervés qui sont en plein essor et qui entendent occuper le boulevard de l'aversion qui s'ouvre à eux.

Aragon écrivait que « la femme est l'avenir de l'homme ».

Ne faudrait-il pas ajouter : oui, mais laquelle ?

Le VCM combat pour l'égalité, l'émancipation, la disparition de la société patriarcale, la découverte par chacun de sa part de féminité et par chacune de sa part de masculinité. Il lutte contre la disparité, le harcèlement, la violence. Il dit oui au femmage plutôt qu'à l'hommage. Oui à l'homme de ménage. Oui au « Non, c'est non ! ».

Mais il dit non à l'esprit de vengeance, au communautarisme, au sectarisme, à une révolution sexiste qui vise à guillotiner les glands. Non à la reproduction du même schéma pourtant si violemment pourfendu.

Le VCM ne veut pas que les femmes deviennent aussi bêtes que les hommes.

Les nouvelles inquisitrices du féminisme, que l'on pourrait nommer les ultras – à l'instar des supporters de foot qui ne voient qu'une équipe sur le terrain –, estiment que l'individu de sexe masculin se porte bien et que tout roule pour lui dans un monde taillé sur mesure. Monde où la violence féminine n'existe pas.

Il est indéniable que le nombre de femmes tuées par leur conjoint dépasse largement le nombre d'hommes assassinés par leur conjointe. Le constat reste sans appel. Mais 28 % des violences conjugales, à suivre les chiffres officiels, sont subies par des hommes, ce qui n'est pas rien. D'autant plus que l'être humain appartenant à la race des couillus porte très rarement plainte. Honte qu'il a, en tant que mâle censé être dominant, d'aller se lamenter sur son sort.

Si la société n'est encore pas suffisamment à l'écoute des femmes victimes de violence ou de harcèlement, elle ne l'est absolument pas à l'égard des hommes battus.

Le VCM estime qu'il y a là aussi une injustice.

D'autant plus que les mâles supposés ne sont pas dans une forme olympique. Ils cherchent une place dans cette nouvelle société où les vieux repères disparaissent les uns après les autres.

Aucune crainte, ils vont y parvenir, main dans la main avec les femmes qui éprouvent le même désarroi.

Les ultras, pour leur part, sont comme les anciennes prostituées rentrées dans le rang : encore plus moralistes que la morale et encore plus revanchardes que la revanche. Leur raisonnement s'égare dans des contrées inaccessibles au commun des mortels. Selon elles, l'homme n'est, je cite, qu'un violeur en puissance, harceleur, tueur de femmes et d'enfants. Pour couronner le tout, ces ultras, qui sont tant à la mode, présument qu'aucune femme jamais ne consent, mais que toutes finissent toujours par céder, épuisées qu'elles sont physiquement ou moralement.

L'individu de sexe masculin ne serait donc qu'un prédateur omnipotent.

Le VCM, bien que pratiquant volontiers un humour sans tabou, trouve ce trait d'esprit trop caricatural pour être drôle.

Signe des temps, la franchise Disney Princess, qui s'inspire d'anciens contes et légendes en les hollywoodisant, est traînée au tribunal des mœurs.

Que dire de cette mère de famille en Angleterre qui a porté plainte contre *La Belle au bois dormant* parce que la chaste Aurore n'a pas donné son consentement au baiser final du concupiscent Philippe vu qu'elle était déjà dans les bras de Morphée ?

Le VCM considère qu'une aristo qui pionce en attendant le bon vouloir d'une couverture de mode n'exprime pas, en effet, une attitude et une démarche des plus contemporaines. Il ajoute même, pour apporter de l'eau au moulin des ultras, que si le Prince charmant choisit Cendrillon, plutôt que ses demi-sœurs, c'est sans doute parce qu'elle sait faire le ménage.

Mais on pourrait aussi observer que, dans les deux cas, c'est une femme maléfique qui a jeté un sort à une jeune fille naïve. Ou, que dans le premier, cet abruti de chevalier risque sa vie en se battant contre un dragon femelle pour sauver une petite bourgeoise oisive qui n'avait rien d'autre à faire que de se balader dans un immense château et aller mettre son doigt juste à l'endroit où il ne fallait pas. Ou, encore, que dans le second, l'héroïne est victime d'une marâtre cruelle et de deux bécasses sans cœur.

En bref, cette discussion est si artificielle qu'elle risque fort d'être sans fin.

Le VCM s'inquiète pour la suite des événements.

Le plus ensemble du « vivre ensemble » pourrait pâtir du délire néo-féministe. Si les idées des ultras continuent à prospérer dans l'opinion, il faudra entériner des accords onusiens avant chaque acte sexuel. Choisir dans le menu des réjouissances, négocier chaque geste, cocher des cases et ne pas y déroger. Et pourquoi pas, faire appel à témoin de façon à éviter tout malentendu par la suite. Ou, pour se mettre définitivement à l'abri de divers désagréments, filmer la partie de jambes en l'air.

Le VCM n'a pas envie de tourner dans un documentaire qui s'appellerait *Ma vie*. Il a simplement envie de la vivre sans qu'on le filme sous toutes les coutures. Surtout celles de ses amours.

En résumé, le VCM pense que les néo-féministes ultras font plus de mal que de bien au féminisme en particulier et aux femmes en général.

Les ultras n'aident pas à améliorer la condition féminine. Elles participent à sa détérioration par une attitude et une doctrine détestables plus proches d'un grossier marketing que d'une philosophie authentique.

À cause d'elles, il sera bientôt plus facile pour un homme de devenir une femme que de parler d'elles.

Le VCM est prêt, cependant, à les accueillir dans son club pour en débattre.

## *Une diversité en uniforme*

« Soyons tolérants, c'est un ordre ! » : montés sur leurs baudets, les nouveaux chevaliers de l'Apocalypse pratiquent facilement l'oxymore exaspérant. Parmi leurs slogans, la surprotection des minorités, fondée sur la culpabilisation des majoritaires, est en train de virer à l'obsession.

Nous n'existons plus autrement qu'« en tant que » ceci ou cela, la marque du groupe sinistrement tatouée sur la peau.

Nous devenons des malades de l'identité.

Et on appelle cela la diversité !

Chacun sa communauté, sa chapelle, sa tribu.

Mais, gare ! Tu n'appartiens pas ? Si t'en es pas, t'es en droit de rien. Ton bonjour est un défi, ta boutade une offense. Ta critique une insulte. T'en es ? Ça te garantit pas contre l'embrouille.

Aux States, un Black qui vote Trump n'est plus un Black. Pourtant, beaucoup d'Afro-Américains jouent au golf.

La solution serait-elle la tribu à un seul membre ?

Il faudra peut-être s'y résoudre.

En attendant, ces minorités forment d'année en année, additionnées les unes aux autres, une majorité de pensée au sein de l'opinion. Le minoritaire finira ainsi par devenir majoritaire. Un cadre idéologique en remplacera un autre. Au lieu de la diversité, on se retrouvera avec l'uniformité, aussi plate et ennuyeuse que précédemment. Du copier/coller.

Le VCM se demande pourquoi il faut que l'être humain répète les mêmes conneries à l'infini.

Doit-on encore accorder un caractère racial au racisme dès lors que le communautarisme, qui n'est rien d'autre qu'une forme officialisée d'idéologie raciste, ne tombe pas sous le coup de la loi ? Pour lutter contre toutes les sortes de racisme, ne devrait-on pas déplacer le curseur du côté de l'idiotie et de l'inculture sans lesquelles le communautarisme ne fleurirait pas comme il le fait ? Un merveilleux terreau de réflexion pour un législateur avisé.

Le VCM n'encourage pas la correction, mais il ne décourage pas la rectitude.

Une fois de plus, dans l'idéologie communautariste, comme il en va pour tous les mouvements identitaires, la libération des uns, ou leur reconnaissance, se fait contre les autres, ou sur leur dos. En l'absence de guerre, on se combat entre soi. En période de paix, on passe son temps à lutter. On se mobilise contre le préjugé, la mentalité, le chômage, l'exclusion, l'échec scolaire, le handicap, l'obésité, les pesticides, le harcèlement, l'amiante, les moustiques, le cholestérol.

Le VCM pense qu'il est des combats légitimes et utiles auxquels il peut même lui arriver de participer. Mais, il se demande pourquoi il y a autant, sinon plus, d'engagés en temps de paix qu'en temps de guerre. Est-ce par un désir authentique de vie meilleure ou pour lutter contre l'ennui ?

Ce qui est sûr, en revanche, c'est que les bunkers communautaristes, sous couvert de fusion, préparent l'affrontement.

Ce que précisément le VCM redoute.

## *Victoire du victimisme*

Les pays développés, que l'on dit poliment occidentaux plutôt que riches, se livrent à un grand concours de la victimisation depuis quelques lustres. Mais, aujourd'hui, ce sont aux jeux olympiques du malheur que nous assistons tous les jours. La victime phagocyte l'espace médiatique dans une surenchère d'extorsions, de séquestrations, de viols, de tortures, d'assassinats, d'esclavagismes domestiques, de prostitutions forcées, de clitoris sectionnés, de provocations racistes, sexistes, homophobes, d'actes incestueux, pédophiles, de catastrophes naturelles, d'empoisonnements industriels et d'attentats djihadistes.

Comment ne pas être du côté des victimes ? Comment ne pas être en empathie ?

C'est évidemment le cas du VCM. Mais avec un petit bémol.

Le culte viral du victimisme est en train de muter en un variant à la contagiosité universelle. Et qui finira par annihiler les vraies victimes.

Sans vouloir jouer les rabat-joie, les observateurs les plus aigus s'accordent sur le fait que la victime n'a d'avenir que celui que son bourreau choisit pour elle. Ils considèrent que l'on doit prendre en compte strictement ce point de vue à la fois philosophique et psychiatrique si l'on veut aider la victime à sortir du piège. Mais pour ce faire, il faut se mettre à la place du bourreau, analyser le pourquoi de la tragédie, comprendre les racines du mal.

En bref, il faut s'efforcer de penser l'impensable.

Or notre époque ne pense plus. Du tout. Ou à court terme. Pour le reste, pas le temps. Comme dans le JT ou sur les réseaux sociaux : sujet suivant ! Vite ! Et on oublie. Jusqu'à la prochaine fois.

Le VCM aime à penser qu'à ne pas penser que victime et bourreau ne font qu'un, on ne peut les séparer définitivement.

Puisque se poser en victime est tendance, qui ne se sent pas victimisé par quelqu'un ou quelque chose n'est plus en phase avec son époque. Et comme les bons sentiments suivent les mouvements de la mode, on change de victime comme de chemise. L'opinion sélectionne, elle fait le tri comme elle fait les soldes.

Les sans-papiers ? C'est fait ! À qui le tour ? Les prothèses mammaires ? Refaite la queue, vous êtes déjà passées y'a quelques mois avec les inondés. Les *home jacking* ? Ah ! C'est bien ça, ça claque ! Passer devant les cas d'inceste qui ne se vendent plus.

Cet étalage de malheurs finit par sonner creux, sembler fade, paraître habituel. Banal ou presque. Irréel.

Les victimes deviennent trop nombreuses. Un tsunami de désolation nous submerge. Nous voilà obligés de nous mettre à l'abri pour ne pas succomber à notre tour. Nous ne les écoutons plus. On zappe.

Dans le même temps, les vraies victimes continuent de vraiment souffrir.

Le VCM pense qu'une victime ne devrait jamais être un phénomène de mode.

Au même titre, il ne voit pas en elle la détentrice d'une sagesse supérieure et définitive dont l'aurait ointe son état. Pas plus qu'il ne pense qu'être descendant d'esclave ou de déporté vaut héritage d'un capital moral. Enfin, il sait qu'il existe chez les victimes autant de crétins et d'hypocrites que dans la moyenne des individus dits « normaux ».

Qui dit « mouvements de mode » dit « effets d'annonce ». Au moindre traumatisme, une cellule de soutien est mise en place : appelez ce numéro, il est gratuit.

Un drame, une cellule.

Certes, ça part d'un bon sentiment.

Et ça finit par la création d'un centre d'assistance psychologique pour les agents du ministère de la Culture après l'incendie de Notre-Dame. Pourquoi pas un numéro vert pour les enfants qui apprennent que le Père Noël n'existe pas ?

On entretient la victimisation, on la met sur un piédestal, on la glorifie alors que les philosophes et les psychiatres soulignent combien elle est un frein à l'épanouissement personnel et aux relations avec autrui. À vouloir trop bien faire, on accouche de l'inverse.

Décidément, constate le VCM, la paix fait des ravages.

Ce n'est pas tout. Nous établissons inconsciemment une hiérarchie parmi les victimes. Elle n'a rien de légitime ou de juste. Elle ne dépend que de la période de promotion médiatique, pas de l'intensité de la souffrance endurée.

En France, la pandémie de la Covid-19, qui a tué plus de 100 000 personnes d'une moyenne d'âge de 81 ans, a totalement effacé le conflit en Syrie qui, depuis ses débuts, a tué 400 000 personnes dont plus de 22 000 enfants. Mais Damas est loin, la faute à la guerre non pas à un virus, et il ne s'agissait pas de nous.

Les victimes qui souffrent le plus sont celles qu'on entend le moins. Elles n'ont même pas droit à une petite tête de gondole au rayon émotion et indignation.

Le VCM ne supporte pas cette hiérarchisation absurde et égocentrée. S'il estime que l'on ne peut pas absorber toute la misère du monde sans faire un ulcère à l'estomac, il pense qu'à défaut d'un classement irrationnel de la douleur des victimes, le bon sens devrait nous pousser à établir des degrés dans notre agitation débordante. Sans tenir compte des soldes.

Dans un élan d'humanitarisme effréné mais sécuritaire, la société nouvelle de la précaution et de la protection veut réduire le risque à zéro. Elle veut l'anéantir. Elle prône une vie dépourvue de dangers, où tout serait balisé, dans laquelle la victime n'existerait plus.

Laisser croire à la population une telle baliverne, c'est prendre les citoyens pour des cons. Le croire, c'est en être un. D'autant plus que si jamais cette utopie bon enfant venait par miracle à se réaliser, elle engendrerait aussitôt un chômage de masse dans les médias.

Le VCM opte toujours pour la désillusion contre l'illusion.

Au final, les jérémiades des fausses victimes pataugeant dans le marécage du victimisme nuisent aux cris sourds des vraies victimes montant des abîmes.

Le VCM estime que c'est proprement cruel.

## *Un maniaque manichéisme*

Nous vivons toujours plus dans un conte pour enfants débilitant comme seuls savent en inventer les puritains. Tous les jours, nous passons un casting pour savoir si nous sommes mauvais ou bon, ringard ou moderne, irresponsable ou responsable, vicieux ou vertueux, viandard ou veggie. Pro ou anti. Ça ou ça. Et pas autre chose.

Nous assistons, impuissants, au grand retour des gentils contre les méchants. Le schéma est simplissime et donc accessible au dernier des crétins. La lutte entre le Bien et le Mal a dégénéré en combat entre les élus et les maudits, comme sur les cours de récréation, avec au milieu un parterre de figurants, les invisibles qui forment la majorité silencieuse.

Bientôt, la nouvelle société protectrice ne nous laissera d'autre choix que d'être mutins ou mutiques. La ramener ou la fermer. Gueuler ou subir. Ça ou ça. Et pas autre chose.

Si jamais, par quelque audace qui frise l'inconscience, vous osez critiquer l'Axe du Bien, vous sombrez illico dans le Camp du Mal.

Vous vous risquez à questionner certains progrès de façon perplexe, vous êtes un rétrograde.

Vous essayez de comprendre le pourquoi de la violence, vous êtes un émeutier.

Vous tentez d'analyser le parcours d'un djihadiste, vous êtes un terroriste.

Vous hasardez des bémols sur certains mouvements néo-féministes énervés, vous êtes un machiste.

Vous vous aventurez à penser, comme le regretté Desproges, que le mouvement SOS-Racisme devrait ajouter un S à racisme, vous êtes un faux-frère.

Vous vous efforcez d'examiner les arguments des abstentionnistes, vous êtes un antidémocrate.

Vous ambitionnez de tendre l'oreille aux arguments des extrêmes afin de piger ce qui met leurs partisans dans un tel état de rage, vous êtes un populiste.

Etc. Etc. Etc.

Peut-être jugera-t-on que j'exagère, mais ce sera alors pour être en phase avec mon époque caricaturale et apparaître *up to date*. Ce qui s'appelle forcer le trait et revient à tomber consciemment dans le piège. Résultat de cette simplification outrancière ; toute libre pensée et la moindre esquisse de débat se retrouvent réduites à néant, bannies des esprits, chassées des échanges et annulées d'un geste méprisant de la main.

Le VCM ne supporte pas d'être catalogué ou répertorié comme un produit formaté. Il veut pouvoir penser, donc douter, à sa guise, sans être assigné à résidence.

De plus, le VCM n'a pas envie de devenir bipolaire à la suite d'une vulgaire lobotomie manichéenne. Si son cerveau possède deux hémisphères, comme tout le monde, il n'en reste pas moins beaucoup plus complexe (voir la notice d'utilisation) que la dichotomie nord-sud.

Le VCM vomit le binaire.

# 5.

# Le VCM et les mirages de l’empire du Bien

## *Liberté j'écrirai ton nom, sur un kleenex*

Le dernier des abrutis, butés et bornés peut se rendre compte que nos libertés en ont pris un coup ces dernières années. Un sacré, même.

Ce qu'on appelait liberté naguère, porte dorénavant d'autres noms tels inconscience, désordre, offense.

La contradiction est identifiée comme une agression.

La liberté d'expression est en passe de devenir un personnage de fiction.

Il faut dire que la culture de la peur a fait son boulot.

De Patriot Act en Opération Sentinelle, d'alertes en fichages, traçages, arrestations illégales, la sécurité globale a triomphé.

Il manquait la cerise sur le gâteau.

Mais est venu le virus.

Et, depuis, c'est l'état d'urgence chronique.

Le VCM trouve que ça fait beaucoup, surtout quand le provisoire tourne au permanent. Il se sent responsable. Il n'a aucune envie de sacrifier ses libertés sur l'autel de la crise sécuritaire, de la crise sanitaire ou autre crise irrationnelle. Il n'a aucune envie qu'on lui dicte quel est le comportement approprié tout en faisant peser sur lui le fardeau de la culpabilité.

La liberté de penser de chacun n'existe pas uniquement pour alimenter le bien de tous.

Sinon on s'ennuierait vite.

Ce qui commence à être le cas.

La liberté de penser inclut la liberté de penser de travers, ce qui peut arriver aux meilleurs d'entre nous.

Quelqu'un qui prend garde à ne jamais penser mal finira par ne plus penser du tout.

Ce qui est peut-être l'objectif final.

Si cette évolution des mentalités est marquée du sceau du progrès, alors le VCM estime que le progrès est devenu une arme de destruction massive des libertés.

Quant à l'esprit critique, si ça continue, il sera réduit à peau de chagrin. Celui qui parlera en premier ou lèvera la main avant tout le monde pour donner la réponse attendue décrochera le droit d'avoir raison.

Pourtant, notre modèle national, notre exemple, notre icône, notre héros, c'est Charles de Gaulle. L'homme qui a dit non. L'homme qui a désobéi. L'homme qui a choisi la légitimité contre la légalité.

Quel paradoxe !

Aujourd'hui, le Général a à son nom pléthore de rues, un aéroport et même un porte-avions qui fonctionne de temps en temps. .

Aujourd'hui, celui qui ne se soumet pas aux consignes peut se retrouver cloué au pilori, être mis à l'amende, recevoir un blâme ou être frappé d'un avertissement public. Et se voir directement traîné au tribunal s'il ne rentre pas immédiatement dans le rang.

Peu importe que les ordres soient stupides, indifférents ou appropriés.

La désobéissance n'est plus à la mode.

Le VCM, bien qu'insensible aux modes, aimerait qu'on relance celle-ci.

Réveillons le grand Charles qui sommeille en nous !

J'entends déjà des voix s'époumoner : « Qu'est-ce qu'il nous raconte ? On vit dans un pays libre. Qu'il aille vivre en Birmanie ! »

Le VCM, sans doute s'est-il mal exprimé, a le sentiment que la démocratie n'a jamais été aussi malade depuis fort longtemps et le complotisme en aussi bonne santé. Il n'a pas envie d'expliquer à ses petits-enfants que c'est Kennedy qui a tué le petit Grégory.

Alors oui, nous vivons dans un pays libre, mais au sein duquel la liberté a de plus en plus de mal à respirer.

Pour montrer qu'elle n'est pas emphysémateuse, on multiplie les parodies de débats.

On suscite des polémiques de supérette où on ne critique réellement que ce qui ne contrarie pas le nouvel ordre, on invite un contestataire semi-professionnel ou un rebelle quasi subventionné pour la frime, on dénonce un petit scandale pour la transparence, on tire au sort un balourd pour l'offrir en pâture à l'opinion, on raconte un fait divers pour régaler le cerveau reptilien, puis vient la séquence météo et « bonne nuit les petits ».

En résumé, nous vivons dans une fausse démocratie, teintée de fausses libertés et parsemée de fausses controverses.

Nous vivons dans la contrefaçon.

Nous sommes des Chinois à l'usine et nous nous prenons pour les héritiers des Lumières.

Le VCM a un mauvais pressentiment. Si nous délaissons la liberté si chèrement gagnée par nos ancêtres, elle finira dans la bouche de ses ennemis qui l'instrumentaliseront pour vendre de l'idéologie nauséabonde, de la fausse nouvelle, de la conspiration en kit.

Quel ne fut pas l'effroi du VCM en entendant la présidente de l'entreprise à but lucratif appelée Rassemblement national crier haut et fort : « La liberté d'expression maintenant, c'est nous ! »

Plus on en perd, plus elle est récupérée par les extrémités qui ne se grattent pas pour en user et en abuser.

Ne leur laissons pas l'exclusivité.

## *De la précaution à l'infantilisation*

Dans le nouveau monde tendant vers le centre idéal au sein duquel nous aurons le privilège de nous épanouir, nous avons décidé que plus rien ne devait nous arriver.

Dans l'esprit, c'est une bonne idée.

Le désir d'une vie toujours plus sécurisée où l'on voudrait tout contrôler, tout, où rien ne nous échapperait, où l'on abolirait les chutes d'échelle pour les femmes enceintes, est viscéral.

Sur le papier, on ne peut qu'adhérer.

Sauf qu'aspirer à une existence où toute forme de danger serait réduite à un string sur une paire de fesses demande beaucoup d'efforts et de sacrifices. Minimiser au maximum le risque nécessite une bonne dose de précaution et une bonne dose d'infantilisation.

Les deux sont inséparables.

Le VCM, même s'il essaie de garder une âme d'enfant, déteste qu'on le prenne précautionneusement pour un demeuré. S'il a dépassé un certain âge, il apprécie qu'on le rajeunisse, mais pas trop.

L'équation est insoluble.

Plus on réduit les risques, plus le risque qui persiste nous paraît incommensurable et insupportable.

C'est la difficulté des périodes sans conflit majeur.

En temps de guerre, une hécatombe sur le front est une égratignure. En temps de paix, la mort d'un soldat au combat cause un drame. Alors qu'un militaire qui périt, c'est un peintre qui dessine.

De plus, afin que le citoyen moyen – ce mineur irresponsable – prenne pleinement conscience des dangers qui l'entourent et pour lui éviter toute écorchure, Big Mother a pris la fâcheuse habitude d'amplifier le risque potentiel au nom de l'urgence climatique. Surfant sur les paradoxes, le principe de précaution atteint souvent, du coup, les rivages de l'Absurdie.

Le bulletin météo quotidien peut ainsi se transformer en un psychodrame sans fin. On finit par mélanger submersion par l'ouragan et inondation de la cave. On ne sait plus, au bout du compte, si l'absence de neige dans les stations de ski est porteuse de mauvaises nouvelles pour le climat ou pour le loueur de luges. Et on nous prévient tellement en amont de la moindre canicule que l'on étouffe avant même qu'elle n'ait démarré.

Le VCM n'a pas envie qu'on lui explique que, quand il fait chaud, il est bon de manger de la pastèque. À tout prendre, il préfère suçoter les glaçons de son anisette.

Ainsi va le spectacle de la déraison planétaire dont nous sommes non pas les acteurs mais les otages.

À force d'alerter et d'alarmer, on n'entend plus la sonnette. L'évidence ne saute plus aux yeux. L'imminence du danger prend le pas sur la cause du danger. Et tout s'aggrave.

Le VCM estime que moins d'hystérie ne nuirait à personne. Et qu'un peu de retenue amenuiserait les risques que nous encourons, tout en nous rendant la vie plus agréable, aujourd'hui et demain.

Jadis, on commettait des erreurs par pure ignorance. Maintenant on en commet en pleine connaissance.

Est-ce un progrès ?

Ou le principe de précaution existerait-il avant tout pour protéger ceux qui nous font prendre des précautions ? Après tout, ne sont-ils pas comme nous à ne vouloir aucune emmerde ?

Le VCM aimerait que le décideur voie en lui l'adulte qu'il est et qu'il le regarde comme une personne pensante. Qu'il ne prenne pas des mesures en se référant au plus con de la troupe, sinon le reste de la troupe va penser qu'elle est bête. Ce qui risque, si elle le comprend, de l'énerver.

Face à l'infantilisation grandissante et permanente qu'il subit, le VCM a, au contraire, le sentiment désagréable de rapetisser. Il se demande si, un jour, il ne finira pas sur une table à langer à attendre qu'on vienne lui changer les idées sales.

Cette infantilisation générale est délétère.

À considérer l'adulte comme un enfant qui est incapable de comprendre les enjeux du monde et que l'on doit protéger de la réalité, on lui fait perdre petit à petit le rapport avec le concret. On le condamne à poursuivre son existence, guidé, orienté, accompagné dans un univers hors sol qu'il aura de plus en plus de mal à appréhender. Devant le moindre problème, il ne saura plus s'adapter. Il en aura perdu l'habitude. Il ne pourra plus se faire une opinion et attendra que Big Mother pense et décide pour lui. L'essentiel, on l'aura vite compris, étant qu'il obéisse et suive les directives sans broncher, pour son bien et pour le bien commun. Il est donc impératif pour le pouvoir en place qu'il reste un enfant. Un enfant rongé par la culpabilité serait l'idéal.

C'est pourquoi, plutôt que de parler d'infantilisation, terme insuffisamment péjoratif et encore teinté d'affectivité, le VCM pense que moutonisation conviendrait mieux. Il n'a rien contre les gentils ovins qui se font tondre la laine sur le dos sans bouger, mais il n'a pas forcément envie de bêler et suivre le troupeau.

Ne parlez plus au VCM de risque zéro et de tolérance zéro. Deux concepts aussi irrationnels que ridicules qui font peser sur nos frêles épaules de trop lourdes responsabilités. S'il faut passer sa vie à se la pourrir, afin d'atteindre des objectifs aussi impalpables que la ligne d'horizon, ne comptez pas sur lui.

Il veut d'abord palper du réel.

Les zéros attendront leur tour.

## *La traque à la déviance*

Chaque instance de notre vie passant sous le contrôle méticuleux de Big Mother, nulle raison que le désir et le plaisir y échappent. Du plus petit au plus grand. De déguster un pied de cochon à le prendre.

Dans la première occurrence, Big Mother vous expliquera que le gras est mauvais pour vos artères, qu'il ne faut pas manger de viande plus de deux fois par semaine et que l'industrie du porc est néfaste à l'environnement. Si vous avez encore de l'appétit, elle vous le souhaitera tout de même bon en dépit de l'état désastreux de la planète.

Dans la deuxième occurrence, Big Mother vous informera sur les dangers de la pilule et des MST, vous recommandera de mettre une capote, vous alertera sur les définitions légales du consentement mutuel, voire du viol consenti. Si vous avez encore le désir d'une partie de jambes en l'air, elle vous la souhaitera tout de même bonne en dépit de l'état désastreux de la planète.

Quand la défiance règne, la chère et la chair meurent.

À ce rythme-là, le corps ne va bientôt plus servir qu'à poser des vêtements dessus (achetés pendant le Black Friday). Il va donc falloir annoncer aux jeunes des générations à venir que leur corps ne sera qu'un cintre.

Le VCM s'inquiète de cette lente érosion du plaisir ordinaire dont la disparition pourrait relancer les religions les plus orthodoxes ou traditionalistes alors même qu'on lutte ardemment contre la pédophilie. Il n'aime pas non plus que l'on privilégie la survie à tout prix quitte à mourir d'ennui petit à petit et pendant longtemps, très longtemps. Pour lui, exister n'est pas une torture chinoise.

Et puis, quand on aura rayé de la carte les fumeurs, les buveurs, les dopés, les obsédés sexuels et les carnivores, que va-t-il nous rester ? Le spleen hygiénique. Nous serons dans l'obligation d'inventer d'autres perversions afin de ne pas dépérir, emportés par la lassitude.

## *Apoplexie pénale*

Le hiatus de notre époque est que la majorité des individus réclame toujours plus de prohibitions, d'obligations et de réglementations. Punissez-nous encore, Big Mother ! Nous sommes des inconscients. Corrigez-nous, consignez-nous, châtiez-nous ! Jusqu'à ce que le bien-être ultime, le nirvana général promis, soient atteints.

Si bien que, de nos jours, quand vous allez dans un parc, si vous prenez le temps de lire le panneau d'entrée où figure la liste des divers interdits, il est déjà fermé.

Le hiatus persiste. Il faut aussi compter avec le fait que l'engouement contemporain pour la victimisation crée des vocations. Il est de vraies victimes et il est de fausses victimes. Ces dernières se reproduisent entre elles et suscitent, à travers des accusations mensongères, d'autres victimes, réelles celles-ci.

Les mises en accusations foireuses et autres lynchages publics avec présomption de culpabilité se multiplient.

« Peu importe ! », entend-on. Tel individu est un quidam ? Il servira d'exemple. Il payera pour une formule, pour l'ensemble de son œuvre, pour sa tronche, pour les autres. Peu importe qu'il ne soit pas encore passé devant le juge ou, pire encore, que la justice l'ait innocenté. Sa mort sociale illustrera la bonne cause.

Les fausses accusations ont toujours existé. Par esprit de vengeance, par accès de jalousie, par appât du gain, pour se faire reluire le nombril ou par pure folie.

Ce qui soucie le VCM, c'est leur augmentation et leur traitement expéditif par le tribunal populaire qui ne s'emmerde pas avec la procédure.

La victime de fausses accusations n'est jamais véritablement considérée comme une victime puisqu'elle est accusée au préalable, même si l'on ne se souvient plus de quoi. Elle doit bien être coupable de quelque truc.

Arriver à prouver son innocence est devenu un chemin de croix, comme le dirait Jésus, le paysage médiatique étant beaucoup plus avide de larmes et de sang, de plaintes, de ragots, de calomnies, d'incriminations et de comparutions que d'acquittements ou de réhabilitations.

On peut les comprendre. Un noir corbeau sera beaucoup plus vendeur qu'une blanche colombe.

Le VCM n'aime pas ce préjugé ballot.

Le hiatus domine. Être sur le qui-vive à tout moment. En état d'alerte chaque seconde. Faire attention à ce qu'on dit, à ce qu'on fait, bientôt à ce qu'on pense. On s'auto-limite, on s'auto-restreint, on s'auto-censure. Sans fin.

Imaginez un seul instant ce que représente, pour un humoriste tel que votre serviteur, la pratique de l'auto-censure. C'est confiner un DSK dans un harem avec interdiction de bander.

La majorité cède à la censure sournoise, puisqu'elle est censée ne pas exister, pour avoir la paix. Pour éviter le lynchage sur les réseaux sociaux. Pour esquiver les flashs des photographes à la sortie du prétoire. Pour échapper au pilori populaire.

Mais qu'est-ce qu'un humoriste qui ne brave pas les interdits, qui ne brise pas les tabous, qui ne joue pas avec la ligne rouge ? Un chasseur sans fusil, un curé sans scouts, un ministre sans cocktails.

Le VCM pense que l'on devrait se débarrasser de soi, se lâcher, arrêter de s'écouter, de se regarder, de s'épier, de se juger, se limiter, de cloisonner nos jugements, de restreindre notre pensée. Et laisser aller notre esprit naturellement dans les contrées où il est devenu recommandé de ne plus aller. Rêvons, fantasmons, délirons en nous contrefichant de la bienséance, de la bienveillance, de la nouvelle morale ambiante.

Autrement dit de la réalité affadie dont on nous gave et dont tout le monde se fout.

Le hiatus enfle. On ne veut pas qu'on touche à nos libertés et on fait tout pour les restreindre. On empile les lois les unes sur les autres, les projets de loi, les décrets, les règlements. Comme un hématome galopant.

Un problème administratif : une loi ; une manif agitée : une loi ; un signe ostentatoire : une loi ; un fait divers : une loi ; un traumatisme ; une loi ; un mot de travers : une loi.

Une canicule, une inondation, une épidémie ? Une loi !

On dirait que les lois couchent entre elles au mépris de la capote. Et allez ! Une loi contre la nuisance sonore des cigales !

Le VCM tire de cette débauche législatrice qui nous pourrit la vie qu'elle répond à un principe absurde : quand personne n'est heureux, c'est que tout le monde l'est.

Heureusement ou malheureusement, une loi chasse l'autre à une telle vitesse qu'on a déjà oublié la précédente, sachant qu'on n'aura pas plus le temps ou les moyens d'appliquer la suivante.

Trop de lois tue la loi. Comme trop d'info tue l'info.

En revanche, trop de connerie n'a jamais tué un con.

Nietzsche disait que, quand les empires s'effondrent, les lois se multiplient.

Le VCM pense qu'il est opportun de relire le philosophe de l'Éternel Retour.

## *Quand surveiller c'est jouir*

Big Mother, comme je l'ai déjà décrite, est une sorte de prophétesse toute puissante invisible aux milliards d'yeux espions. On ne cesse de la croiser sans la voir. Mais elle, elle ne cesse de nous voir. Et de nous examiner.

Chaque fois que l'on découvre subrepticement que l'on est filmé par l'une de ces caméras de surveillance qui poussent comme des champignons, on saisit que notre société n'a jamais été aussi libérale économiquement et liberticide socialement.

Le cauchemar serait qu'on ne puisse plus faire un pas sans être soumis par quelque œil numérique à la reconnaissance faciale. Le pire est que certains en rêvent. Très sérieusement. Et considèrent cette invasion technologique comme l'apogée de la société du bien-être et de la vérité.

Les vendeurs d'objectifs scrutateurs et épieurs sans intermittence peuvent compter sur une part notable de la population qui réclame que l'on en installe partout. Vraiment partout. Pourquoi ne pas se laisser filmer, argumentent-ils, quand on n'a rien à se reprocher ?

À ces adeptes du tout sécuritaire, le VCM répond comme Brad Pitt : « Je ne joue aucun rôle sans être payé. »

Le goût pour la surveillance se nourrit de moyens moins spectaculaires. Molière fait dire à Don Juan que « pour commettre des crimes en toute quiétude, il faut que ceux-ci soient légalisés par l'étalage de leur contraire vertueux ».

Il suffit d'un bon et beau prétexte et on pousse les gens à se mêler de ce qui ne les regarde pas, surtout à épier leur voisin de palier ou de bureau. Lequel cache forcément quelque chose.

Le VCM est d'accord sur ce dernier point, sinon ledit voisin ne serait ni humain, ni vivant.

L'empire du Bien prise la délation. Elle lui sert d'indicateur sur la vigueur de son système de contraintes mutualisées. Pendant qu'il ne cesse de faire la propagande du civisme, le même empire encourage balances, indicateurs rapporteurs en leur promettant la médaille de l'Ordre du cafardage qui a pour devise : « Restons sur nos gardes ! Soyons vigilants ! Dénonçons ! »

Donnez des noms, vous collaborerez à l'édification d'une société plus pure. Tant pis si tout est faux, on ne fait pas un monde meilleur sans casser des vies.

Le VCM n'aime pas ce permis de chasse aux sorcières.

Il est mal à l'aise dès qu'il s'agit de délation.

Il sait qu'il devra renoncer à ses principes pour dénoncer un bourreau d'enfants. Après avoir parlé au bourreau, à l'enfant, à l'entourage, si rien ne bouge, il le fera.

Sans en tirer aucune fierté. Il aura été humain, pas civique.

Il y a néanmoins une dénonciation qui vaut la peine. Celle qui vise les nouveaux grands-prêtres de la pensée molle et de la morale dure, donneurs de leçon, nouveaux idéologues du Bien, apôtres de la vertu pour les autres, qui voudraient que nous passions notre temps, nous les retardataires incurables, à nous réinventer au gré de leurs saumâtres fantaisies.

Derrière le vernis de leurs allures doucereuses se cachent le plus souvent des enflures, des harceleurs, des menteurs, des sectaires, imbus d'eux-mêmes, pétris d'orgueil, englués dans leur estime de soi.

Ils servent l'empire avec leur bouche, leurs yeux, leurs oreilles pour mieux gonfler l'outre vide qui leur tient lieu de nombril.

Le VCM se méfie toujours de ceux qui avancent le cœur sur la main, il préfère ceux qui mettent la main à la poche et les mains dans la merde.

Il déteste l'hypocrisie devenue une seconde nature chez beaucoup trop de ses congénères.

## *Le grand GAFAM carnivore*

Bienvenue dans l'univers mirifique de la Toile.

Avant de démarrer, je tiens à signaler que le VCM est un être connecté, câblé et branché.

Soit par choix, soit parce qu'il n'a pas le choix.

C'est là que le bât blesse, dans l'impossibilité de la décision personnelle. La révolution numérique, soft au-dehors, hard au-dedans, n'offre qu'une seule option : y participer.

Une vie sans le Net, c'est comme un champagne sans le brut.

Ce côté obligatoire ne laisse pas d'agacer le VCM.

Pour le reste, c'est inattaquable. Incroyable, formidable, pratique, facile d'accès, fiable. Et gratuit en apparence.

Nous voilà des produits heureux.

Quoique.

Peut-on prétendre cependant qu'une société dans laquelle on dépense mille euros pour se payer un smartphone quasi-identique au précédent est une société qui tourne rond ?

Nous avons endossé, dans la connexion et l'allégresse, la servitude volontaire imposée par l'implacable progrès en marche.

Nous avons plongé, tête la première, dans l'illusion du numérique pour suivre le triomphal drapeau de la modernité, pour ne pas être ringardisé, pour ne pas mourir socialement.

Sans trop réfléchir.

Ce que déplore le VCM.

De la coke à l'œil !

Comme toutes les drogues, le numérique au début c'est fun. Tu vis un trip gigantesque. Tu vois le monde autrement. Plus de barrières, plus de limites, plus de frontières. Tu expérimentes un flot de lumières, d'images, d'informations. Un deuxième monde, similaire au vrai, mais pourtant virtuel.

Pas besoin d'intraveineuse, les tuyaux ont remplacé les seringues, un clic avec l'index suffit. Et c'est parti !

Seulement voilà, ton gamin de 10 ans, tu lui enlèves Internet, il vrille en état de manque. Il te faudra le sevrer, l'enfermer dans sa chambre, l'attacher à son lit, lui faire cracher la toile, verte liquide, tandis que sa tête roulera sur elle-même.

Le VCM n'entend pas jouer les exorcistes. Il juge par ailleurs étrange qu'on proscrive encore le bon vieux pétard aux adultes mais qu'on autorise les enfants à se défoncer sous nos yeux.

La Toile est, dit-on, l'endroit le plus libre et le plus surveillé du monde. Quel horrible paradoxe.

Mais il n'y a pas de toile sans araignée.

Comme si Big Mother ne suffisait pas à notre bonheur, nous avons créé une autre entité, encore plus forte, plus riche plus invasive. Big Mother a couché avec Internet – elle sera rasée à la Libération – et tous deux ont engendré un monstre à plusieurs têtes : le grand GAFAM.

Google, Amazon, Facebook, Apple, Microsoft : cinq superpuissances pour cinq euros d'impôts par an.

Le grand GAFAM règne sur nos vies et nous acceptons son diktat.

Le VCM reconnaît que, quand il achète un séjour à la mer sur un site, il s'abstient de lire les conditions de vente car il passerait des mois à les éplucher non sans avoir à solliciter le soutien d'un avocat qui finirait par bouffer le budget vacances.

Le grand GAFAM a pris le pouvoir. On se veut responsable, pas lui. On subit un coup d'État permanent, on opine, lui s'en régale. Il suffit de cliquer sur « Acceptez ».

Nous voilà devenus des prisonniers sous liberté conditionnée. Nous nous tirons une balle dans le pied où est accroché notre bracelet électronique et, au lieu de crier de douleur, nous dansons de joie.

On remplacerait le grand GAFAM par Pinochet ou par Al-Baghdadi et tout le monde hurlerait son indignation.

Mais, silence, on surfe. On participe au progrès.

Le VCM regrette parfois de s'être laissé enfermer dans l'esprit d'ouverture.

La Boétie disait : « Si les puissants sont si forts, c'est que nous sommes à genoux devant eux. Ce qu'ils ont de plus, ce sont les moyens que vous leur fournissez pour vous détruire. »

Orwell disait : « Le propre du capitalisme, c'est de pousser l'homme à admettre que 2 plus 2 font 5. »

Mixez les deux sentences et vous obtenez le cocktail qui résume l'ingérence du numérique dans nos existences.

Le VCM voudrait décider et savoir.

Il déteste la mainmise de la Toile sur les cerveaux ou les cœurs et, à l'inverse, il apprécierait de prendre le pouvoir sur la vie du grand GAFAM.

Sans être un adepte du légiférer à tout prix et pour tout, il pense que quelques-unes de ces réglementations, dont ne raffolent pas les plateformes, ne feraient pas de mal à l'épanouissement de tous.

Il veut bien danser, mais il veut choisir la musique.

Le VCM aimerait que les algorithmes cessent d'analyser en continu ce qu'il regarde, ce qu'il mange, ce qu'il achète, avec qui il couche, boit l'apéro, s'engatse, pour qui il vote, ses problèmes de couple, de famille, de pognon, quels sont ses derniers billets de train et d'avion, quand a-t-il reçu son dernier vaccin et comment a-t-il vécu sa dernière crise d'hémorroïdes.

Il aimerait ne pas être qu'une cible comportementale, manipulée et influencée à souhait. Il désirerait, si possible, parvenir à se maîtriser tout seul.

Il sait pertinemment qu'il n'achète pas toujours ce qu'il veut, mais il est prêt à payer Internet pour qu'on lui foute la paix et qu'il puisse ainsi revenir, de temps en temps, dans le monde réel.

Le VCM n'apprécie pas du tout que le grand GAFAM en sache plus sur lui que lui-même, et se permette, sans le demander un tant soit peu poliment, de lire dans ses pensées.

Il en a marre d'être pisté, surveillé ou espionné.

Il en est le premier responsable, il le sait.

Il a conscience qu'être loin, seul, vivre caché, posséder une vie privée, sont devenus des abstractions relevant du domaine de l'illusoire.

Il reconnaît qu'en acceptant le numérique il a renoncé à beaucoup de libertés.

Il n'ignore pas qu'être joignable à tout instant sans être tracé est incongru.

Il a appris que le totalement pratique peut être radicalement liberticide.

Il n'aime pas cette invasion technologique qui tourne à l'inquisition incessante. C'est à ceux qui fliquent de se justifier, pas à ceux qui sont fliqués. Et puis, il a des tas de choses à cacher. Fort heureusement. Comme sa vie intérieure, laquelle ne regarde personne. Espérons que celle-là au moins sera préservée de toute incursion.

Mais, ce qui l'irrite au plus haut point, une fois de plus, c'est d'avoir été mis devant le fait accompli.

La réussite majeure du grand GAFAM reste cependant de faire croire à madame et monsieur tout le monde que maintenant, grâce au numérique, ils participent à la démocratie et que leur avis compte.

Le VCM avoue que c'est fort, il ne peut que s'incliner.

Avant l'arrivée du numérique, nous étions victimes de l'opacité et de la désinformation. Maintenant, elles sont remplacées par la confusion et les *fakes news*.

Avant, les politiques nous mentaient à grands coups d'arguments bidons (ce qui leur arrive encore mais on les écoute moins, voire plus du tout). Maintenant, le vrai pouvoir de dissimulation est aux mains du grand GAFAM qui travaille, si on n'y prête pas attention, à dominer nos sensibilités et nos sentiments.

Le VCM ne voit pas ce que le numérique a apporté de plus à la démocratie, hormis davantage de manipulations.

Quant aux réseaux sociaux, ils rappellent aux VCM les plus âgés les chiottes publiques de leur enfance. Quoique sans l'odeur.

Ces millions de personnes qui étalent leur vie, qui publient tout ce qu'ils font, qui commentent leur moindre geste, qui détaillent chacun de leurs états d'âme, qui photographient n'importe quoi partout où ils passent. Et qui, à la fin, tombent dans un ravin en faisant un selfie. Comme quoi il y a une justice.

Ces millions de personnes qui ont un avis sur tout, qui rédigent des kilomètres de niaiseries, de cajoleries, d'ignominies débilitantes qui, stockées pour l'éternité, polluent pendant et après.

Ces millions de personnes qui comptent leurs likes, lesquels sont pour eux ce que la croquette est au cabot : on remue la queue ou le clitoris quand on en a un.

Qui mesurent leur existence à l'aune de leurs likes.

Qui changent d'avis, modifient leur attitude, joignent la meute des dénonciateurs anonymes pour augmenter leurs likes.

Qui deviennent accro-dépendants au like.

Ces millions de personnes qui sont les marionnettes du grand GAFAM.

Pire que l'audimat télé tant décrié, on a inventé l'audimat numérique. En temps réel. Et haro sur le baudet.

Le VCM a honte de l'avouer, mais il lui arrive de participer à ce cirque, d'en être la victime consentante.

Une fois de plus, il n'est pas question de savoir si c'était mieux ou pire avant. On était aussi con mais maintenant, à cause des réseaux sociaux, on a des preuves.

Et ça fait mal.

Hier, ses conneries, il fallait les réfléchir avant de les sortir. Aujourd'hui, l'effort de paraître un connard pensant n'est même plus requis.

Le numérique aura servi à mettre nos défauts au grand jour, à révéler l'étendue de notre crétinerie.

Bien sûr, on trouve aussi des choses sensées ou utiles sur les réseaux, mais ils servent d'abord à démontrer que la bêtise peut circuler à la vitesse de la lumière.

Le VCM y voit difficilement une avancée pour l'humanité.

Quelle humanité, d'ailleurs ?

Les réseaux sociaux créent autant de solitude que de lien. On parle au monde entier, retirés derrière nos écrans, isolés face à la multitude.

On télé-travaille, dispersés, de plus en plus séparés les uns des autres, esseulés, mais toujours joignables.

Le VCM est en overdose d'annonces publicitaires à ignorer après qu'on les aura visionnées et de musiques d'attente à assassiner Mozart en chaque enfant mélomane.

Il est particulièrement horripilé par les jingles. Il suspecte que – puisque l'on va bientôt passer la moitié de notre vie au téléphone à attendre que l'on décroche dans l'une de ces plateformes installées au bout du monde, de préférence dans un pays à main-d'œuvre bon marché – on va la passer à écouter de la musique qu'on n'a pas choisie. Comme sur le Titanic.

Le VCM préférerait ne pas avoir de réponses à tout en un clic ou un call mais pouvoir palabrer des heures pour savoir qui a raison ou tort.

Il souhaiterait ne pas avoir à remplir d'interminables formulaires électroniques mais avoir quelqu'un en face de lui pour discuter, batailler, trouver une solution et, si affinités, partager un rhum.

Il souhaiterait ne pas avoir, au restaurant, à flasher le code-barres du menu alors qu'il a déjà passé sa journée sur l'écran de son téléphone portable.

Il voudrait ne pas connaître à l'avance l'itinéraire que lui livrera instantanément le GPS, mais laisser faire le hasard, jouer de l'instinct, demander son chemin et, à l'occasion, le perdre.

On ne se perd plus assez.

C'est benêt, mais c'est beau.

Et ça, le VCM aime.

## *L'immortalité au rabais*

Vivre de plus en plus en vieux : tel est le nouveau Graal de l'hémisphère nord, celui du sud ayant d'autres problèmes quotidiens à régler dont l'accès à l'eau potable, aux soins médicaux ou à la paix civile. Il s'agit d'augmenter notre espérance de vie quoi qu'il en coûte.

Notre zèle à vouloir tout maîtriser en toute bienveillance nous incite à contrôler la durée de notre passage sur terre. L'empire du Bien, qui se réclame doctrinalement de l'immunité absolue, désire nous faire péter des records de longévité. Si ce n'est que nous avons prévu l'éternité, mais pas les lits qui vont avec.

Le VCM reste à tout le moins dubitatif sur ce sujet épineux. Non pas que l'idée de rester vivant le plus longtemps possible le rebute, mais l'idéologie inhérente à ce concept futuriste le préoccupe. Et ce, pour plusieurs raisons.

Tout d'abord, afin d'atteindre un âge très avancé sans être grabataire et avec une machinerie fonctionnant à peu près correctement – sinon pourquoi s'obstiner à survivre ? – il est fortement recommandé d'avoir eu, tout au long de son existence, une vie sans excès, sans gras, sans sucre, sans sel, sans stress, sans alcool, sans drogue (hormis celles légalisées dans les pharmacies), sans passion. En bref, sans vie.

Le VCM veut bien fournir des efforts mais, pour un épicurien et jouisseur comme lui, c'est beaucoup trop demander en termes de privation.

Vous battrez donc des records sans lui.

Ensuite, il y a la culpabilité que Big Mother fait peser sur ceux qui ont eu l'audace de profiter de la vie et qui arrivent en fin de bail dans un état non conforme aux nouveaux critères sanitaires. Si votre santé est déplorable, c'est que vous avez fauté. Vous n'avez pas été suffisamment sain et sportif. Vous avez dilapidé votre capital hygiène. Vous allez, en sus, coûter cher à la société. Il est donc logique que vous payiez pour votre inconscience et votre insouciance, sources de vos graves erreurs comportementales.

Vous aurez beau arguer que vous vous moquez de ces calculs et que vous êtes prêt à passer l'arme à gauche avant la date limite, on vous opposera le droit, l'éthique et la solidarité.

Voilà ce qui est proprement insupportable au VCM.

Enfin, notre époque a décrété que l'on ne devait plus mourir. Partant du principe de la longue vie pour tous, elle a fait de la mort un échec, une honte, un trou noir. Il est devenu interdit de mourir, sauf autorisation. Vous ne pouvez plus clamser quand et où vous voulez, une permission doit vous être accordée. Vous n'avez pas décidé de votre naissance ? Il en ira de même de votre mort !

Ce qui met le VCM hors de lui.

Il ne peut se soumettre à cette conception totalitaire de l'existence, promulguée au nom du Bien et en vue de notre bonheur. Il considère que, jusqu'au dernier souffle, son destin lui appartient.

On notera, au passage, que l'on ne demande jamais leur avis aux principaux intéressés, c'est-à-dire ceux qui ont dépassé la date de péremption. Ce n'est pas parce qu'il n'y a jamais de manifs dans les EPADH que les vieux qui y résident sont forcément d'accord.

Ne reculant devant aucune hypocrisie, le nouvel ordre moral a légalisé, au motif d'abréger nos souffrances, la sédation profonde et continue, mais pas l'euthanasie (du moins dans notre pays, ou pas encore). La nuance est imperceptible : après une sédation, la personne n'est plus vivante ; après une euthanasie, elle est morte.

Comme disait l'autre, j'ai l'impression que plus l'homme vit vieux, plus la vérité meurt jeune.

Que pense le VCM de ce vitalisme, lui qui adore la philosophie dialectique ? Qu'à ne plus accepter de mourir, on finira par en crever.

# 6.

# Le VCM et le parc humain

## *Tout un film*

Une confidence en forme de confession, pour commencer. Souvent, j'éprouve confusément le sentiment de vivre dans un des grands mythes de Platon, d'être l'un des prisonniers enfermés dans la caverne de l'ignorance et de l'oubli, privé de soleil, condamné à l'obscurité, enchaîné la face tournée contre la paroi sur laquelle défilent des ombres, captif de l'illusion qu'il s'agit là du seul monde existant.

Vous voyez le truc ?

Un monde où la représentation prime sur la réalité, l'opinion sur la vérité. Et le sondage sur la décision.

Cela ne vous dit rien ?

Nous sommes passés du règne de l'image au despotisme de la vidéosphère.

C'est filmé, ça existe. Ce n'est pas filmé, ça n'existe pas.

Sans doute est-ce pour cette raison que beaucoup de personnes ne croient plus en Dieu.

Guy Debord a prophétisé le « grand spectacle dont nous ne sommes même pas les acteurs ». Notre société fictionnalise à l'extrême sa prédiction. Ne plus se sentir soi, se dédoubler, ne plus vivre sa vie, mais la jouer dans un décor qui sonne faux, avancer au sein d'univers parallèles.

Bienvenue dans le *Matrix* du pauvre, étendu à l'époque.

Le VCM, même si on l'y invite, rechignera à se prendre pour l'Élu. Il y a déjà assez de paranoïaques qui hantent nos rues. Il ne criera pas plus au totalitarisme, encore trop rudimentaire pour Big Mother car il engendre des dissidents. Non, le trouble à l'âme qu'éprouve le VCM, c'est d'être enfermé dans le non-sens pour les siècles des siècles et de devoir dire amen.

## *Cette sensation d'être parqués !*

Nous voilà rassemblés et cantonnés dans un immense Parc, créé, dessiné et organisé par les têtes bien pensantes de l'Empire, sous l'œil bienveillant de Big Mother et de son fils adultérin, le grand GAFAM. Un Parc idéal, pasteurisé, comme le lait, lisse, plat, uniforme, où l'émotion a étouffé la réflexion, où la vérité est devenue une erreur de communication. Un Parc sans recoin où l'on feint de lutter contre l'individualisme alors que l'individu figure en tête des espèces en voie d'extinction.

À l'entrée de ce Parc géant, sur un portique de sécurité cyclopéen, bardé de codes et digicodes, armé de caméras, scanners et alarmes, planté parmi mille et un panonceaux d'interdictions, de recommandations et de réglementations, figure un immense slogan en lettres lumineuses : « Ayez soif de modération ».

À l'intérieur du Parc, règne la règle du Bien : rien ne vaut mieux, pour favoriser la mixité, le multiculturalisme et le vivre ensemble que de se mettre à l'abri de l'autre et de se préserver soi-même en tout, car on ne sait jamais, on pourrait devenir un tout petit peu l'autre et ne plus être tout-à-fait soi. Et ça, les administrateurs du Parc ne le veulent pas. Le monde d'hier leur a appris que c'est une cause potentielle d'interrogation, donc de désordre.

Dans le Parc, de gentils organisateurs décident de ce qui est bon pour le parqué et pour son bonheur. Ils pensent pour lui afin de laisser reposer son cerveau. Ils lui laissent l'entière liberté de rejoindre les joggeurs en tenue slim qui entretiennent leur corps au milieu d'une nuée de cyclistes qui respectent la nature, mais pas le code de la route.

Le Parc est populeux dans ses périphéries où s'entassent les riens et les moins que rien, mais il est vide ou presque en son mitan qui ressemble tant aux centres-villes de partout que ses rares habitants ont la certitude d'habiter nulle part. En mesure d'apaisement, dans les centres commerciaux, les bars, les ascenseurs, les parkings, retentit la même musique qui résonne dans les téléphones quand on attend qu'on daigne enfin nous répondre.

Au sein du Parc, chaque journée commence par une célébration, qu'elle soit de la solidarité, de la santé, du sourire, du câlin, de la marmotte entre autres thèmes positifs. Chaque soir, se déroule une marche blanche contre la violence. Le calendrier fourmille de fêtes officielles, celle des voisins, des secrétaires, des tatoueurs ou encore des producteurs de tofu.

Le Parc est soucieux d'éducation. De formation continue, même. Les gentils organisateurs tiennent à la disposition du public pléthore d'ouvrages et de blogs sur le bien-être, l'épanouissement personnel, la diététique, le bricolage et le coaching à domicile. Côté alimentation, on mange des carottes bios lavées à la terre et certifiées sans gluten que vend, au prix du caviar, un ex-trader en quête de rédemption, converti au véganisme, adepte des énergies durables et positives, mécène d'un SOS-machin et participant à un truc finissant par -thon, recyclé dans l'épicerie authentique et qui foudroie de son regard antigaspi quiconque a oublié son filet à provisions en lianes équitables.

Le Parc incite chaque parqué à dépenser un maximum de pognon car l'achat est un des rares moments de vie concrète dans son existence désincarnée pour raisons prophylactiques et politiques.

Le Parc a pour vocation d'annuler l'histoire, la tragédie, le questionnement.

Il n'y réussit pas si mal.

Le VCM est forcé, bougon, de le reconnaître.

Mais, au moindre virus qui débarque, la matrice disparaît et la réalité réapparaît.

Les gens se ruent sur les pâtes, les conserves, et le PQ !

La vraie vie. Le vrai nous. Nous en vrai.

Avec nos erreurs, nos failles, nos errances.

Le VCM ne fait pas du rouleau de papier chiotte un rouleau sacré, mais il y voit un signe éminent de notre fragile finitude.

Le VCM estime que nul n'est à aucun moment à l'abri de la connerie. Qu'elle est notre mode d'exister. Qu'elle demeure tapie dans l'ombre quand on croit l'avoir chassée. Qu'elle résiste à tout. Au temps, aux modes, au bien et au mal.

Acceptons d'être des imperfections.

Ne nous en demandons pas trop, nous n'en sommes pas capables.

Que nul n'essaie d'être celui qu'il ne pourra jamais être.

Le VCM pense que c'est là un bon début pour progresser.

# 7.

# Le VCM et l’apothéose de la Covid

## *Révélation virale : la synthèse d'une époque*

À l'heure où j'écris ces lignes, la crise sanitaire provoquée par le coronavirus n'est pas éteinte, ce qui ne paraît pas anormal pour une pandémie.

Le VCM ne nie en aucune manière la réalité et la gravité de cette catastrophe planétaire.

Le VCM n'ignore en rien le nombre élevé, malheureusement, de victimes qu'a causées la Covid-19 sur l'ensemble des continents.

Le VCM ne saurait être une seconde indifférent aux malheurs endurés par beaucoup.

Mais…

L'arrivée, moins inopinée qu'on a pu le dire puisque nous pourrions en être les agents, d'un virus létal dans nos existences, les mesures restrictives qu'elle a engendrées là encore au cœur de nos vies, constituent le condensé des aberrations et des affres d'une époque déboussolée, désorientée, en recherche désespérée de sens.

Les belles théories sur notre bonne néo-société ont été passées au révélateur.

Le VCM ne s'en réjouit pas. Il en prend acte.

Pendant plus de vingt ans, on nous avait vendu des pandémies qui, pour la plupart, n'avaient pas dépassé chez nous la nocivité de leur effet d'annonce. Pendant plus de vingt ans, SRAS, AH1N1, Ebola, Zika, Chikungunya, nos cerveaux déjà malades d'habitants de pays développés s'étaient habitués à des peurs si inverses à notre foi positiviste qu'ils avaient fini par se convaincre qu'elles étaient fantasmées. Pendant plus de vingt ans, les pouvoirs et les autorités de toutes sortes en mal de sensationnel avaient crié au loup.

Un loup que, pendant deux décennies, personne n'avait jamais vu.

Du coup, le jour où il finit par pointer son nez, notre relation au réel, déjà mal en point, dérailla complètement.

Et nous avec.

La vie s'arrêtant ! La Terre cessant sa rotation ! Le néant. Le trou noir. Plus rien n'allait exister en dehors d'un virus nommé Covid, 19e dans l'ordre de succession dynastique, tout le monde se contrefoutant des dix-huit précédents qui avaient pourtant sonné l'alerte dix-huit fois.

Nous avions vécu dans l'illusion, l'atterrissage fut sévère. Nous disposions déjà, avant la pandémie, d'un joli stock de pessimisme. Nous allions l'épuiser.

Et au-delà.

D'où l'interrogation du VCM.

Souvent, pendant cette épreuve interminable, particulièrement au cours des pics de confinement, nous nous sommes posé la question : pendant combien de temps pourrons-nous supporter une telle situation ? Pas seulement la crise sanitaire, mais aussi le despotisme démocratique, pour reprendre la formule de Tocqueville, qui l'a accompagnée ?

Que tu aies été bosseur ou chômeur, suivant le bon vouloir de Big Mother, tu t'es retrouvé claquemuré chez toi à t'abrutir devant la télé pour être sûr de recueillir les dernières consignes de la propagande d'État qui se résumaient à te sommer de la fermer et d'obéir.

L'idée d'abandonner nos libertés pour empêcher la mort d'entrer dans nos demeures a été acceptée en un battement de paupière. Sans contestation. Avec docilité.

Cette pandémie aura au moins eu l'avantage de nous apprendre comment un régime autoritaire peut s'installer en deux jours dans une vieille démocratie. Totalitaire étant exagéré, j'en conviens, nous avions le choix entre psychose et névrose.

Il lui suffit de la mettre en quarantaine et de prononcer la formule magique : c'est pour votre bien.

Nous avons découvert que nous sommes sans limites dans l'encaissement. Que les Françaises et les Français sont des marathoniens dans la course à la privation des libertés.

Pour le pouvoir en place, et surtout à venir, cette pandémie a représenté une mine d'informations.

Nous sommes mûrs pour l'autocrature.

C'est cette perspective que rumine le VCM.

## *Une pas drôle de guerre*

J'exagère ? Souvenez-vous ! Sinon, en cas de trous de mémoire creusés par les confinements, réécoutez la chronique de votre internement.

Le virus est là. D'un coup, le droit à la vie écrase tous les autres droits. La police a tout pouvoir. La police fait la loi, la police est la loi. Hormis le droit à une heure de sortie par jour, à un kilomètre du domicile, en comptant les virages, il faut demander la permission au ministre de l'Intérieur pour aller rendre visite à ses vénérables ancêtres ou acheter du beurre.

L'actualité n'existe plus. Même la mort de la grand-mère du petit Grégory va passer inaperçue alors qu'elle emporte un secret vieux de presque quarante ans dans la tombe.

Nous vivons, telle une hallucination collective, une assignation à résidence aveugle avec notre consentement implicite. La psychose nous tétanise les neurones. Nous nous confinons, un point c'est tout, comme on essaierait d'arrêter la mer avec les mains.

Nous voilà « entrés en guerre » comme le répète sept fois le locataire de l'Élysée, surjouant la panique, lors de sa première allocution sur ce sujet au peuple de France.

Lui, le comédien frustré, tient le rôle de sa vie.

On s'emmerde tellement en temps de paix au sommet de l'État que tout danger ou risque réel galvanise une énergie le reste du temps endormie.

Ce langage guerrier, totalement disproportionné, ne nous quittera plus. Toutes les décisions seront prises en Conseil de défense. Opportunément, l'ennemi invisible ne sera plus la finance, la COVID-19 se substituant au CAC 40.

Nous sommes en guerre, mais le mot d'ordre est « planquez-vous ». Une bien drôle de guerre où, à la suite de la mobilisation générale, les combattants prendront en moyenne 2,5 kg. Ce qui laisse augurer de la dureté du front.

Le VCM pense qu'un discours plus mesuré et surtout maîtrisé n'aurait fait de mal à personne.

Les grands mots ne suffisent pas. Il nous faut obéir d'un jour à l'autre à une gestion de crise, centralisée, verticale, ultra-sécuritaire mais de bout en bout erratique. Les ordres d'en haut pleuvent, tels de la merde de pigeon recouvrant nos yeux.

L'exécutif aligne les absences, les absurdités, les erreurs, les contradictions, les mensonges comme seule notre époque de transparence peut en fournir.

Le VCM estime que tout le monde, y compris un dirigeant, a droit à l'erreur et que personne, en ce bas monde, ne possède la science infuse.

L'essentiel étant de le reconnaître.

S'agissant du coronavirus, il attend encore.

## *Paniquante panique*

Le pouvoir exécutif est dépassé mais n'oublie pas d'entretenir la peur au sein de la population, son seul levier de vraie pression.

On peut le comprendre.

Chaque semaine, le service d'information placé auprès du Premier ministre mesure le taux d'inquiétude au sein de l'opinion. Quand il baisse, le gouvernement s'inquiète car il y voit un signe de relâchement. Il lui faut donc aussitôt le faire remonter en nous inquiétant.

On peut également le comprendre.

Il est nécessaire de maximaliser l'angoisse, de nourrir une ambiance anxiogène avec la complicité des administrations, des associations, des médias, des réseaux sociaux. Et de chacun de nous.

Tous ensemble, nous avons joué à nous faire peur.

Nos émotions ont pris le pouvoir. Le pouvoir dirige nos émotions.

Heureusement, l'État va s'occuper de nous, nous venir en aide, nous protéger, se porte garant de notre sécurité existentielle. Nous n'avons plus rien à faire qu'angoisser et obtempérer. Big Mother veille.

– Maman, j'ai peur !

– Alors, reste dans ta chambre, je vais te raconter une histoire.

Gestes barrière et distanciation sociale deviennent notre nouveau style de vie. L'autre, un danger, et je deviens un danger pour lui.

Le VCM note que distanciation physique conviendrait mieux que distanciation sociale, formule plus appropriée à l'échelle des salaires.

Nous voilà paralysés par l'angoisse. Une froide raison congèle le zèle de l'esprit. Toutes les télés, toutes les radios, tous les journaux reprennent en chœur la même antienne : restez chez vous. Les médias ne conçoivent plus d'autre actualité que le virus qu'ils traitent, malaxent et triturent en boucle. Une boucle infernale, à l'instar d'une essoreuse détraquée qui tournerait sur elle-même. Une vomissure de bavardages incessants devant laquelle nous sommes commis d'office, puisqu'il s'agit de notre avenir proche et nous n'avons rien d'autre à faire de nos journées, sinon réparer l'étagère.

Vais-je survivre au fait d'avoir passé la tondeuse à gazon pour la troisième fois en deux jours ?

Ça tourne en rond dans le poste comme nous, aux arrêts de rigueur, dans nos domiciles. Ça parle sans savoir tout en sachant et en ne sachant plus de quoi on parle. De tous les animaux de la Création, disait Steinbeck, l'homme est le seul qui boit sans soif, qui mange sans avoir faim, et qui parle sans avoir quelque chose à dire.

Le VCM recommande ce bon mot aux habitués des plateaux.

Arrive le temps des statistiques. Nous avons droit, tous les soirs, au chiffrage des morts. Un récit national de l'anxiété avec compteur à décès. Très efficace.

D'abord centré sur nous, le compteur va s'étendre au Vieux Continent, puis au reste du monde. Un panorama enfin planétaire. On compare. On donne des notes, un peu comme lors de l'Eurovision de la chanson.

Tiens, la France est quatrième.

Même dans le pire, on n'arrive pas à être le meilleur.

Un an plus tard, nous dépassons la barre des 100 000 morts. C'est important les barres.

Paradoxalement, l'annonce quotidienne de 150 à 400 morts en vient à nous faire le même effet que le bulletin de la météo. Ce qui nous effrayait ne nous effraie plus. On s'habitue à tout. Parce que c'est humain.

Le VCM estime qu'on aurait pu et dû commencer par la fin.

## *La débâcle des sachants*

Dans une démocratie qui, déjà, ne procède plus que par décrets, les scientifiques peuvent prendre le pouvoir sans avoir besoin de fomenter un putsch. Logique, quand on ne sait pas, on demande à ceux qui savent. Le vrai pouvoir, élu au suffrage universel, leur passe donc le bâton merdeux. Il compte s'en servir comme d'un parapluie, lequel va s'avérer troué.

Le Conseil scientifique se retrouve donc aux manettes. Mais voilà, il aurait fallu relire Montesquieu avant de lui confier les rênes : « Tout homme qui a du pouvoir est porté à en abuser. » Nos savants ne vont pas se gêner. Eux aussi sont humains. Quelques jours encore avant l'accélération de la pandémie, ils étaient méprisés, négligés. Le robinet était coupé, les lits supprimés, les effectifs réduits. Ils vivent leur heure de gloire, ils parlent à l'oreille du Président, ils régissent notre existence.

Lourde responsabilité, mais vertigineuse puissance.

Le VCM aurait aimé qu'ils se souviennent que, sur les frontons des hôpitaux où sont arrivés les premiers malades, on pouvait lire : « en grève ».

Les scientifiques tiennent le crachoir. Ils ne le lâcheront plus. Nous avons droit à un soap opéra clinique quotidien. Sur tous les médias existants se succèdent virologues, infectiologues, anesthésistes, urgentistes, chefs ou spécialistes de quelque chose, experts en expertise, un quelconque titre de la faculté suffisant pour parler des heures et des heures, qui viennent nous dire qu'au final… ils ne savent pas grand-chose.

Pourquoi pas ? Il n'y a pas plus de science exacte que de mathématique absolue. À travers eux, nous prenons une leçon d'humilité : l'être humain n'est pas qu'un animal doué d'une intelligence supérieure.

Toutefois, les scientifiques vont passer leur temps d'antenne en querelles de chapelle, en accusations de lobbying, en dénonciations de conflits d'intérêts et, ne cessant de s'opposer, de s'attaquer, de se disputer, ils ajouteront de l'angoisse à l'angoisse.

Le VCM adore la contradiction, mais à condition de participer au débat.

Nous, les non-sachants, les ignares, les impuissants, pataugeons dans la perplexité. L'incertitude devient notre pain quotidien. Nous écoutons les sachants, exclus de leurs échanges et discussions. Encore une fois, notre lot est « motus et bouche cousue ».

Jamais le débat démocratique mille fois annoncé et mille fois retardé n'aura lieu.

Le VCM s'étonne qu'il ait engendré tant de crédulité.

Comme ceux qui sont censés savoir admettent ne pas trop savoir, l'effet boule de neige ne tarde pas, dopé par les réseaux sociaux. Tout le monde va devenir spécialiste.

En quelques jours de formation accélérée, nous voilà transformés en experts.

Le pays entier est devenu virologue.

On assiste à une déchéance de rationalité générale.

C'est alors que le pouvoir se rebiffe, il décide de le reprendre. Dehors, les carabins et leurs directives. La médecine est fermement invitée à reprendre son rang subalterne derrière le politique.

Comme les scientifiques ne font plus la loi avec l'exécutif, ils vont la faire dans les médias, avec la bénédiction du IVe pouvoir.

La junte médicale devient omniprésente. Elle squatte l'antenne. C'est à nouveau le défilé. On voit les mêmes têtes, on entend les mêmes voix.

À se demander s'il n'y a pas eu sélection, sous forme de casting, à l'entrée.

Certains ne quittent plus les plateaux des télés et des radios tandis que sur l'insert on peut lire « Chef des urgences » et, juste en dessous, sur le fil d'actualité « Services engorgés », « Personnels épuisés », « Repousser les murs des hôpitaux ? ». Qu'est-ce qu'ils foutent là ? Ils ont deux métiers ?

Vexés de ne plus être écoutés par le pouvoir, les toubibs menacent : « On va devoir déprogrammer des opérations, trier les malades ! » Sous-entendu : ce sera peut-être vous qui passerez à l'as. Ils ont raison. Ou plutôt ils n'ont pas tort sur le fond. Quant à la forme…

Le VCM pense qu'un bon médecin est là pour te rassurer, pas pour nourrir la psychose ambiante.

Mais non ! Les scientifiques éconduits se laissent prendre au jeu. Ils se montrent toujours plus pessimistes, toujours plus alarmistes. Ils demandent des mesures toujours plus strictes, toujours plus sévères. À croire qu'ils ont organisé une compétition à la sinistrose entre eux. Ils ne se soucient même pas de nous coller des ulcères alors que, ils sont les premiers à le savoir, ils ne pourront pas les soigner avant longtemps.

Le VCM estime que, quand la situation est grave, plus on rajoute de la gravité, plus elle devient désespérante. Et quand il n'y a plus d'espoir…

## *Tous contre tous*

Il devient impossible d'avoir un autre avis, ou une autre opinion.

Sous couvert de « chasser l'esprit complotiste des plateaux médiatiques », on bannit la plupart des esprits critiques tout court. Bien vu.

Plus qu'un seul droit, celui de suivre les consignes. Zéro remise en cause des mesures prises à « contre cœur » pour nous sauver malgré nous. Pas de débat, ou alors une pléthore de faux débats, ce qui est pire encore. D'innombrables polémiques de supermarché, d'enquêtes d'opinion toutes faites, de sondages absurdes.

Pour n'en citer qu'une, dans la même « étude » on a droit à ces deux affirmations antagoniques : « Les Français acceptent un nouveau confinement à 64 % » ; « Les Français ne supportent plus les mesures sanitaires à 71 % ». Un commentaire ? Que nenni !

Le VCM ne comprend pas. Le virus est mortel, il ne le nie pas. Il peut en mourir, des membres de sa famille ou des proches également, il ne le sous-estime pas. Mais est-ce une raison pour végéter intellectuellement ?

Pendant ce temps, « quoi qu'il en coûte », le pouvoir achète la paix sociale avec notre argent.

Et nous devons dire merci.

Machiavel est dépassé.

L'exécutif est ravi, le manichéisme atteint son apogée.

On est soit rassuriste soit alarmiste, discipliné ou indiscipliné, responsable ou irresponsable, ça ou ça.

Tout est fait pour nous dresser les uns contre les autres.

Les jeunes contre les vieux.

Les travailleurs contre les chômeurs.

Les essentiels contre les non-essentiels.

La ville contre la campagne.

La grande surface contre le petit commerce.

La capitale contre la province.

Les vaccinés contre les non-vaccinés.

Les pro passe sanitaire contre les anti.

Amazon contre tout le monde.

Et l'on entend sans cesse le même refrain : c'est ensemble que nous viendrons à bout de ce virus.

Nous découvrons, comme l'eau tiède, que les personnes les moins bien payées sont les plus cruciales.

Pendant ce temps, sous couvert de transparence, nous sommes abrutis par un déluge de chiffres, de courbes, de pourcentages, de taux, de tendances et de projections.

On nous explique tout pour qu'on ne décide rien.

Le VCM aurait préféré qu'on nous sature moins, mais qu'on participe plus. Avec notre bonne volonté et, pourquoi pas, quelques idées qui sortent de la vulgate.

Impossible !

Nous sommes devenus des enfants. De mauvais gamins.

L'infantilisation et la culpabilisation atteignent des sommets. Nous attendons sagement la conférence de presse quotidienne, puis hebdomadaire de l'exécutif pour connaître la punition. On a dû se relâcher, mais on ne sait pas encore à quel degré.

Big Mother est obligée de nous faire panpan cucul !

Ces conférences de presse ne sont même pas une simulation d'expression démocratique. La démocratie n'existe plus. Ce sont des numéros d'autosatisfaction du pouvoir qui réussissent à nous expliquer qu'il maîtrise tout sans rien contrôler.

Du génie.

Nous gobons.

Au cours de ces conférences, le marketing de l'angoisse va bon train. On multiplie les slogans, les diptyques et les triptyques. On ne dit plus 500 contaminés mais un demi-millier, c'est plus impressionnant.

On nous exhorte à désinfecter les produits de bouche, le virus étant présent et persistant sur les surfaces des empaquetages. Nous voilà, tels des enfants bien élevés, à passer à l'alcool toutes nos emplettes. La date de péremption disparaît ? Que ceux qui ont chopé une intoxication alimentaire lèvent le doigt.

Quelques semaines plus tard, le protocole javel est oublié.

Puis on apprend que l'on pourra retourner sur les plages, mais uniquement en restant dynamique. Si tu es statique, tu seras envoyé au coin.

On nous annonce que l'on pourra aller au ski, mais sans skier.

On impose la règle des six : pas plus de six à table pendant au moins six semaines. Quand on demandera à un membre du Conseil scientifique les raisons de cette règle, il répondra que si une personne est positive, elle ne pourra contaminer que cinq personnes au maximum.

Le pire étant que c'est vrai.

L'absurdité prend la place de la réalité.

Entre-temps la quarantaine de 14 jours est passée à 21 jours, puis est revenue à 14 avant de descendre à 10 et de plonger à 7.

Le VCM a attendu, en vain, le 13 pour pouvoir remplir une grille de loto.

Le prochain confinement, nous prévient-on, sera de « plein air ». Serons-nous donc enfermés dehors ? Tout en étant à l'extérieur, nous prévient-on encore, nous serons obligés de porter un masque. Ce port n'est d'aucune utilité selon le Conseil mais a, selon l'OMS, un rôle pédagogique. Lequel ? Nous éviter d'oublier la pandémie dont on nous parle 24 heures sur 24 et 7 jours sur 7.

On nous rappelle également qu'il ne faut pas oublier de ne pas oublier qu'il faut aérer nos appartements au cas où certains seraient tentés de garder le virus chez eux.

Toujours raisonner par rapport au plus con.

J'arrête là l'énumération car ce livre qui est censé être un opuscule virerait au bottin.

Le VCM ne pense pas moins qu'il serait nécessaire d'éditer un recueil de toutes les conneries qui ont été pensées, proférées, produites et pâties durant cette fâcheuse période de façon que nous soyons prêts à ne pas les rééditer lors la pandémie suivante.

## *Souffre-douleur, délateurs et conspirateurs*

Du jour au lendemain, plus de bars, plus de restaurants, plus de théâtres, plus de cinémas, plus de salles de sport, plus de boîtes de nuit, plus de sorties, plus de bâfrerie, plus de beuverie, plus de drague. Plus rien.

Tout ce qui relève du plaisir doit gicler de l'espace public.

Ce qui a réveillé chez le VCM le souvenir de la phrase du maréchal Pétain quand, au prétexte de sauver la France, il arriva au pouvoir en 1940 (le VCM n'y était pas, mais on le lui a raconté) : « Vous souffrez et vous souffrirez longtemps encore, car nous n'avons pas fini de payer toutes nos fautes. »

Nous sauver la vie en la pourrissant, parce que nous le valons bien.

Nous, notre relâchement, notre manque de civisme, sommes les fautifs. Ce ne sont pas les hôpitaux qui vont mal, c'est nous.

Un des sommets est atteint lorsque le préfet de police de Paris nous sort : « Ceux qui sont hospitalisés sont ceux qui n'ont pas respecté le confinement. »

Le VCM juge qu'à défaut d'avoir été viré, et au lieu de s'excuser, il aurait dû démissionner.

Lui et tous les adeptes de la culpabilisation minable.

Nous sommes de bons élèves, mieux, nous sommes d'excellents élèves, et pourtant rien ne fonctionne.

Tout ce qui est pensé, décidé, instauré par nos têtes pensantes foire systématiquement.

Des masques aux vaccins, en passant par les gels, les tests, l'application Stop Covid, la campagne d'immunisation.

Comme le disait Einstein : « La théorie c'est quand on sait tout et que rien ne fonctionne. La pratique, c'est quand tout fonctionne et que personne ne sait pourquoi. »

Avec la Covid-19, nous réunissons les deux : rien ne fonctionne et on ne sait pas pourquoi.

Nous passons notre temps à « rattraper notre retard ».

En France, c'est ce qu'on sait le mieux faire.

Le VCM pense que l'on devrait exporter ce savoir-faire en le faisant savoir.

Estimant, je l'ai dit, que tout un chacun, les gouvernants compris, a le droit à l'erreur, le VCM apprécierait qu'on nous autorise, nous aussi, à faire n'importe quoi de temps en temps.

Ce qui serait d'ailleurs normal, venant d'ignares.

Et d'autant plus que Big Mother nous considère comme ses petits.

Qu'est-ce que le VCM ne supporte plus d'entendre ? Que ceux qui décident pour nous déclarent sans cesse qu'ils veulent « assumer leur part de responsabilité ».

Surtout quand ils la font porter systématiquement aux autres.

Être tout de franchise, bien qu'étant souvent critique, le VCM admet que nous sommes dirigés par des personnes très intelligentes.

Sans qu'il n'ait rien su anticiper, le pouvoir a réussi à tirer profit de la situation en nous imposant encore plus l'emprise du numérique, en divisant encore plus les Français, en les mettant encore plus à distance socialement et en concentrant les décisions dans encore moins de mains.

Le VCM pense qu'il n'y a pas que l'extrême droite qui se nourrit du merdier ambiant.

Si la réapparition du plaisir apeure, celle de la délation n'effraie pas. Avec la pandémie, elle revient à la mode. Elle se montre à nouveau tendance. La tradition est de retour.

Confinez et la police sera débordée d'appels.

Les gens téléphonent en masse pour dénoncer leur voisin, comme sous l'Occupation : « Il est sorti promener son chien, alors qu'il n'en a pas ».

L'empire du Bien a ses vigiles fervents, la peur de la mort ses délateurs zélés.

Les dénonciations abondent. Elles se multiplient sur le palier de l'immeuble, au coin de la rue, à la Une des médias et submergent les réseaux. On désigne, on stigmatise, on montre du doigt à tour de bras, y compris le personnel soignant.

Les journaux de droite et de gauche publient des photos de jeunes buvant les uns à côté des autres, les irresponsables ! Les inconscients ! Les meurtriers !

La presse révèle que des dîners clandestins sont organisés, que des restaurateurs ouvrent en loucedé et qu'on y croise même des politiques. Des noms ! Des noms !

Le Premier ministre n'a plus qu'à encourager le bon peuple de France à « lutter contre les fêtes clandestines qui ruinent les efforts de tous ».

Il ne s'agit pas de vilain mouchardage, mais de sens civique.

Le VCM regrette une telle dérive, mais il regrette surtout de ne pas avoir eu les coordonnées de ces fêtes et dîners.

Les épidémies suscitent immanquablement la recherche obsessionnelle d'un responsable qui les expliquerait. On traque l'autre, caché, malintentionné et menaçant. Le fautif. Et qui, en plus, s'il ose s'amuser, l'est doublement.

Avec la Covid-19, les pauvres jeunes constituent le bouc émissaire idéal.

Les moins exposés sont les plus ciblés. On les assimile à des pestiférés qu'il faudrait reléguer alors qu'ils sont déjà enfermés à domicile et condamnés à subir leurs parents. La torture ultime !

Le VCM n'aime pas le jeunisme mais il déteste qu'on sacrifie la jeunesse sur l'autel de la vieillesse.

Du côté des conspirationnistes et des complotistes, c'est la divine surprise.

Ils s'en donnent à cœur joie.

L'incertitude est leur terreau, l'irrationnel leur drogue. Et la panique, leur bonheur.

Ils bénéficient de tout le matos nécessaire pour confectionner leurs théories aussi absurdes que certaines décisions du pouvoir. De la pandémie déclenchée volontairement par la Chine aux laboratoires pharmaceutiques qui ont créé le virus, en passant par les vaccins porteurs de nano-puces régies par la 5G.

Le monde tourne à une grande braderie de la folie. Ils en sont la tête de gondole.

Le VCM en déduit que si l'on veut freiner les délires de ces abrutis, il faut commencer par arrêter de les fournir en prétextes et en arguments.

## *À l'heure du bilan*

La crise sanitaire provoque pourtant un miracle. Un vrai, avéré, financier, auquel tout le monde a pu assister.

Une semaine encore avant le top départ officiel de la pandémie, les réformes budgétaires se succèdent. Les caisses sont vides et la France doit faire des économies.

Puis, d'un coup de baguette magique, l'argent qui n'existait pas se met à couler à flots. Des milliards d'euros apparaissent partout dans le monde (celui qui possède les planches à billets) et Paris suit le train.

Que devient le seuil des 3 % du produit intérieur brut qui représente le déficit public annuel, qui rythme notre quotidien et qu'il nous est interdit de dépasser sous peine d'excommunication européenne ou de damnation internationale sur les marchés financiers ? Il vole en éclats ! En quelques mois, on passe à 9 %. Mais tout est sous contrôle, nous assure le ministre de l'Économie.

Le monde arrive à s'endetter plus vite en temps de paix qu'en temps de guerre.

Si c'est ça le progrès, le VCM trouve que c'est bon et beau.

Mais il médite aussi beaucoup sur l'avant et l'après. Il se demande pourquoi nous manquons si souvent d'une vision à long terme avant, qui nous force à parer au plus pressé après. Il se demande pourquoi on n'a pas investi tout ce pognon avant, plutôt que de le balancer n'importe comment après. En bref, il demande si on l'a pris pour un con avant ou après l'arrivée du virus.

Ne cachons pas notre joie.

D'habitude, l'argent est roi.

Certes, d'aucuns diront que notre système s'effondre dès qu'il arrête de vendre des trucs inutiles à des gens surendettés. Mais laissons de côté notre mauvais esprit. C'est magnifique, presque romantique ! Un choc ! Une première.

D'un coup, la vie passe avant l'économie.

D'habitude, les morts classiques dues à la vieillesse, au cancer, aux maladies cardio-vasculaires, à la route, à la pollution, au stress, aux casseroles d'eau chaude, font partie de notre décor existentiel.

Certes, d'aucuns diront que l'acharnement thérapeutique pose de graves questions éthiques. Mais pas au point d'être, au besoin, plongés en réanimation. Et c'est là aussi une formidable première.

D'un coup, la survie passe avant la théorie.

Subitement, un virus change nos regards sur l'économie, la mort, la vie, et relance le secteur du bricolage à domicile.

L'humanité n'est pas si désespérante.

En revanche, elle est désespérée.

Ce qui n'augure rien de bon.

Le VCM ose poser la question taboue par excellence : en voulant sauver des vies quoi qu'il en coûte, n'en a-t-on pas sacrifié autant dont on ne connaîtra jamais le prix ?

Quand tombe le bilan des mesures sanitaires, il est plus que mitigé. Le constat vient des scientifiques, encore eux. Selon leurs études éminemment sérieuses, ces mesures ont pour effet de dégrader nos yeux (à cause du temps passé devant les écrans), nos cerveaux (à cause du syndrome d'anxiété et de dépression), nos dents (à cause de nos grincements nocturnes), nos cœurs (à cause de nos excès compensateurs de bouffe, d'alcool et de nicotine), nos dos (à cause du fait de rester assis ou allongé et parce qu'on en a plein le dos).

Autrement dit à cause de mesures prônées pour notre bien par les mêmes scientifiques.

Si le VCM ne conteste pas le caractère nécessaire et indispensable des mesures sanitaires, il note malgré tout que leur résultat est un tantinet paradoxal. Comme l'époque.

Le recours au confinement, quant à lui, ne cesse d'interroger. Pour ou contre ? Oui ou non ? Total ou modéré ? Selon certains experts, il ressort de l'hérésie médiévale et est inefficace. Pour d'autres, il est disproportionné car il revient à bombarder une ville pour en éloigner les moustiques porteurs de malaria. Pour d'autres encore, il est l'unique solution, laquelle est donc impérative.

Le VCM ne se prononce pas sur le sujet. Il laisse chacun vaquer à ses propres opinions. Ce qui le taraude est que le confinement a été abruptement imposé, chez nous et ailleurs, par des progressistes.

Le progressisme peut donc être régressif.

C'est absurde mais c'est aussi d'époque.

Que dire alors de la balance bénéfices/risques qui a supposément paramétré chaque décision durant la pandémie ?

La crise économique appelée à suivre la crise sanitaire devrait, selon d'autres experts, cette fois-ci économiques, créer de la récession. La part la plus fragile de la population serait précipitée dans une spirale infernale qui impacterait négativement sa longévité. L'espérance de vie finirait donc par chuter en raison des mesures prises pour épargner des vies.

Les spécialistes appellent ces sacrifiés les morts de désespoir.

Le VCM trouve cela cruel, comme l'époque.

Les tenants de l'ordre moral, sanitaire et hygiénique brandissent toutefois deux contre-arguments qu'ils jugent phares car aptes à éblouir le jugement : sauver des vies avant tout et toutes les vies se valent.

Ces deux merveilleuses notions pétries d'humanisme ne souffrent aucune contestation.

Sauf qu'elles font un peu tiquer le VCM.

Selon la Banque Mondiale, à la suite de la crise sanitaire ainsi que des mesures prises pour lutter contre la pandémie et en fonction de la gravité de la crise économique, 150 millions de personnes pourraient chuter dans l'extrême pauvreté à l'horizon de l'année 2022.

Si tel est le cas, elles émargeront à 1, 60 euro par jour pour subsister, le prix d'un café au comptoir. Elles seront jeunes pour la plupart et elles ne résideront pas que dans les pays habituellement fournisseurs de pauvreté.

Combien de morts ce regain de l'extrême pauvreté pourra-t-il causer ? 1, 2, 5, 10 millions ? Autant que le nombre de victimes de la Covid-19 ? Y aura-t-il des compteurs à décès tous les soirs pour nous le rappeler ?

Le VCM ne peut pas imaginer que nos décideurs aient ignoré au départ les conséquences de leurs décisions.

Ont-ils fermé les yeux ? L'émotion les a-t-elle aveuglés ? La peur leur a-t-elle fait perdre le sens de la mesure ? Le principe de précaution les a-t-il rendus étanches à l'éventualité de dégâts collatéraux ?

Ou l'hypocrisie et la tartuferie règnent-elles une fois de plus en maîtresses sur nos comportements pourtant guidés par tant d'humanisme ?

Ou sommes-nous tout simplement égoïstes et tournés sur nous-mêmes ?

En rapprochant ces chiffres de la moyenne d'âge des victimes du coronavirus en France, 81 ans, soit l'espérance de vie dans notre pays tous sexes confondus, le VCM se demande si l'on n'aurait pas sciemment sacrifié le jeune pauvre au détriment du vieux riche. Il comprend qu'il faut faire des choix, mais encore faut-il assumer jusqu'au bout ses « priorités » et ne pas faire semblant d'être dégoulinant de compassion.

Pire encore se présente le tableau de la vaccination.

À l'heure où j'écris ces lignes, 75 % des vaccins qui circulent dans le monde sont utilisés par les pays riches, dont certains peuvent vacciner cinq fois leur population.

Les pauvres attendront.

À tort, car cette pandémie étant mondiale, on nous l'a assez répété, si nous sommes les seuls vaccinés, elle ne se terminera jamais.

Mais c'est compter sans la générosité légendaire des pays riches. Les sept membres du G7, comme son nom l'indique, se sont engagés à donner un milliard de doses à... 92 pays, mais échouent à s'entendre sur la répartition des stocks.

Le VCM ne voit guère en quoi ce processus se distingue du tri sélectif appliqué à nos poubelles surchargées.

Tout au long, le VCM s'est posé de lancinantes questions.

Pourquoi tant de compassion pour les victimes dénombrées du virus et tant d'indifférence pour les innombrables victimes d'autres épidémies, catastrophes, famines ou guerres ? Parce que ces morts ne sont pas virales ?

Pourquoi vouloir protéger nos vieux, qui le méritent bien, pour les isoler, les laisser dépérir seuls et les entasser dans des chambres froides à Rungis sans le moindre au-revoir de leurs proches ?

Pourquoi la lutte contre la Covid est-elle allée plus vite et plus fort que le combat contre le Sida ? Parce que c'était hier, l'obscur passé, les années 1980, que tout était erreur, fourvoiement, crime, dérive ou imperfection, comparé à notre admirable présent ? Ou parce qu'à l'époque les victimes étaient des homos, des camés, des putes, des hémophiles ?

Le VCM rêve de partager ses questions.

## *Silence, on tourne la page !*

La gestion de la crise sanitaire fait penser, je l'ai dit, à l'un de ces cercles vicieux desquels on ne peut plus sortir une fois qu'on y est entré. Elle évoque aussi la scène du film *Midnight Express* où l'on voit des fous tourner dans le même sens autour du même pilier et qui crient au nouveau venu qui ose emprunter le sens inverse : « Toi, t'es pas fou ! »

Le VCM considère qu'avec ou sans le virus, nous sommes également fous, pris au piège d'une même pensée circulaire dont il nous faudrait songer à sortir. Ou, au moins, à réapprendre à tourner dans l'autre sens pour rompre l'ennui.

Attendu comme le messie, le vaccin finit par arriver. Sous les hourras et les applaudissements. Une véritable prouesse ! Tous records battus ! Du jamais vu ! Dans ce monde si merveilleux de progrès et de modernité, d'avancées scientifiques et de technologie de pointe qui est le nôtre, nous voilà ébahis par le fait que des chercheurs trouvent.

Le VCM aime ce côté puéril que nous avons su garder, si ce n'est qu'il aimerait encore plus qu'il ne soit pas entretenu.

Le vaccin est là. Mais, attention, nous le voulons sans effets secondaires. S'il provoque une dizaine de thromboses sur trente millions d'injections, on arrête tout.

Voilà, c'est fait.

48 heures plus tard, on reprend tout.

Le même vaccin est à nouveau accrédité par les mêmes autorités, compétentes mais versatiles.

Vive la thrombose ! ? !

Le VCM estime que le risque zéro nous rend maboule. Normal, il n'existe pas.

Dans le même temps, la passe sanitaire obligatoire, autrement dit l'obligation à être vacciné, n'avance même plus dissimulée. Montrer patte blanche, le symbole de l'époque.

Quel taux exact devra atteindre, pour être efficace, l'immunité collective alors qu'elle transite entre 50 %

et 100 % suivant l'instant, l'expert, la chaîne-info ? Ne perdrons-nous pas notre immunité naturelle en nous surprotégeant de la sorte ? Faudra-t-il d'ailleurs une troisième dose, une quatrième, une dose tous les ans pendant deux décennies, trois décennies ? Et n'est-il pas opportun d'investir dans les laboratoires pharmaceutiques pour s'assurer une bonne retraite ?

Le VCM ne sait pas. C'est qu'il ne sait plus quoi penser. Il en a perdu l'habitude, comme tout le monde. Mais il a une certitude. Même si lui s'est fait vacciner, il laissera toujours libre choix à ceux qui ne veulent pas se faire piquer.

Parce que la liberté, c'est la vie.

La démocratie, elle, c'est sûr, n'est pas immunisée. Elle n'a pas l'air du tout en bonne santé. Et ça ne s'arrange pas. Lors des élections régionales et départementales qui se déroulent en pleine pandémie, l'abstention triomphe. De 22 % en 1986, elle passe pour le même scrutin à 66 % en 2021.

Comme quoi le passé… des fois.

Advient le sempiternel tsunami de débats pour tenter de comprendre les raisons pour lesquelles la population refuse de s'exprimer.

Peut-être parce que nous en avons perdu le réflexe ? Seize mois passés à approuver les décisions, suivre les mesures, appliquer les consignes sans l'ombre d'une esquisse de début de discussion puis, d'un coup, on nous demande de choisir et voilà que, tout simplement, on se sent rouillé.

Peut-être parce que nous avons cru à une blague ? Après les ordres propagandistes – « restez chez vous, masquez-vous, testez-vous, vaccinez-vous, ne partez pas » –, l'invitation « allez voter » a pu sembler appeler pour réponse naturelle : « Allez-vous faire foutre. »

À moins que, plus crûment, nous ne croyions plus en la démocratie parce qu'elle est devenue une vue de l'esprit ?

Le VCM trouve ça très grave, mais logique et mérité.

Il considère que s'abstenir est un libre choix qui ne met pas forcément la démocratie en danger, mais qui montre à ceux qui refusent encore de le voir qu'elle l'est déjà.

Comme la démocratie, nous ne sommes pas en bonne santé. Ce que montre, dès le début, la campagne de vaccination.

Les personnes à traiter en priorité, c'est-à-dire à « risques graves », sont 15 millions. Viendra ensuite le tour des personnes à risques « moins graves mais quand même », qui culminent à 15 millions elles aussi. Ce qui nous amène à un total de 30 millions d'individus en mauvaise santé sur 67 millions d'habitants.

C'est énorme. Pharamineux.

Encore heureux que nous ayons le meilleur système de santé du monde !

Le VCM est sidéré. Pourtant, aucun débat sur le sujet n'a eu et n'aura lieu. Ce qui lui semble incompréhensible. Mais guère surprenant.

Taisez-vous, on a dit, non ?

## *Au secours, la philo !*

Reprenons de la hauteur et du fromage.

Au lieu de brasser l'air, de réformer à tour de bras, de courir après le temps, prenons le temps de philosopher. À la manière des penseurs de l'ancien monde qui scrutaient l'éternité. Et à l'inverse de la majorité de nos scribouilleurs contemporains qui glosent l'actualité.

Nous avons besoin de Lumières, pas de lampes de poche.

Nous vivons dans le virtuel, dans la société de l'illusion.

Nous nageons depuis si longtemps dans le futile.

Lançons-nous dans une immense thérapie collective.

Rien d'autre que philosopher sur le bonheur, le plaisir, le don, la vie, le sens de la vie, et la clef de voûte de tout l'édifice : la mort.

Une réflexion sans concession sur la mort s'impose, car elle nous est devenue intolérable, insupportable, infréquentable.

Nous sommes devenus des pudibonds de la mort.

Restez vivant, c'est un ordre, lisait-on entre les lignes pendant la crise sanitaire, et contentez-vous de survivre.

Plus encore que la tragédie de la mort, la tyrannie du Bien n'a pas de limite.

Qu'est-ce qui fait l'intérêt de la vie, son intensité ou sa durée ? Faut-il vivre en acceptant de mourir ou refuser de vivre pour survivre ? Voire s'empêcher de vivre pour éviter de mourir ? Mais qui veut vivre plus longtemps avec moins de moyens ? Vivre plus vieux pour bosser plus vieux ? Vivre pour continuer à travailler, à produire, à engraisser le cochon ? Vivre quelques années de plus pour assurer la poursuite d'un système lui-même périmé ? Ou au contraire vivre encore un peu pour aider à sauver la planète ? Quitte à devoir vivre en se contentant de quinoa et de maté au menu ?

Autant de questions cruciales pour lesquelles le VCM n'a pas de réponse et, surtout, pas de solution.

Il n'est pas membre du club Certitude et Résolution. Il n'appartient ni à la caste des renonciateurs-nés, ni au cercle des résignés de la dernière heure.

Mais, je l'ai dit et le répète, il se reconnaît dans l'amicale des empêcheurs de tourner en rond.

# En guise d'épilogue

Pour clore ce long cri de colère teinté de l'humour du désespoir, je tiens à vous gratifier d'un cadeau.

Laissez-moi vous offrir un discours.

Vous pourrez l'utiliser quand vous le désirerez. Il vous suffira de vous lever de table, de demander le silence et de vous lancer. Vous verrez, le prononcer vous fera un bien fou.

Faisons gaffe !

Faisons gaffe à l'hypocondrie médiatique.

Cessons d'amplifier le danger nourri par les médias.

La morosité ambiante devient ma morosité,

la réalité du monde devient mon triste sort,

et on finit par se rassurer dans l'angoisse.

Spirale infernale nourrie par une overdose d'infos.

Comment penser au long terme, rêver sa vie, quand on est pris dans la dictature de l'instant ?

L'angoisse créée le pessimisme,

qui engendre le défaitisme,

qui lui-même fabrique de l'impuissance,

qui à son tour nourrit la résignation,

pour finir par une tétanie de la pensée, autrement dit au niveau zéro de la réflexion.

La voie est libre, nous sommes totalement absents, parce que trop présents.

Respirons, pensons, rêvons.

Si l'autruche ne mettait pas sa tête dans le sable, elle serait morte de peur.

Si elle la met, elle se fait enculer.

Alors essayons d'être des autruches à tête haute, des autruches spirituelles, philosophes.

Des autruches qui regardent vers l'avant pour protéger ses arrières.

Des autruches avec les deux pieds dans la merde, mais la tête dans les étoiles.

Réagissons avant que le système nous mange, nous transforme, nous possède, avant que la défaite soit cuisante.

Car, comme le disait le général Mac Arthur, toutes les grandes défaites se résument en une phrase :

TROP TARD !

# CHARTE DU CLUB DES VIEUX CONS

## Préambule

Intolérants de tout bord, racistes, antisémites, ségrégationnistes, complotistes, conspirationnistes, passez votre chemin.

Fondé en l'an de grâce 2021, le Club des Vieux Cons d'aujourd'hui est une ligue d'acolytes dont l'ambition est de lutter farouchement contre le nouvel ordre moral.

Le Club cultive l'amour de la liberté, l'art du débat ainsi que les carottes, parce que ça rend aimable.

Notre devise est : « Un mortel ne se prive jamais de vivre ».

Alors, si vous vivez avec votre temps, mais que vous préférez le prendre, rejoignez-nous !

Adhérez !

*Article 1*

Le Vieux Con n'a pas d'âge et il a le genre qu'il veut. Il n'a pas de couleur de peau définie, d'orientation religieuse, politique ou sexuelle particulière. Et il t'emmerde.

*Article 2*

Le Vieux Con n'est pas un gros con, un sale con ou un pauvre con. Il n'est pas forcément con d'ailleurs, mais il craint de le devenir. Il en a tout le potentiel.

*Article 3*

Le Vieux Con est un libre penseur qui veut disposer de sa vie, de sa mort, et de tout le reste, en toute impunité.

*Article 4*

Le Vieux Con trouve que le progrès n'est pas toujours un progrès.

*Article 5*

Le Vieux Con sait que la cigarette et l'alcool tuent, mais qu'est-ce que c'est bon !

*Article 6*

Le Vieux Con est humaniste six jours sur sept. Le septième il se repose.

*Article 7*

Le Vieux Con adore l'immoralité, la transgression et l'obscénité qui permettent à son intelligence naturelle de se détendre.

*Article 8*

Le Vieux Con pense que l'être humain est pétri de faiblesses et d'erreurs et que vouloir le rendre parfait est une absurdité.

*Article 9*

Le Vieux Con constate avec amertume que si la guerre fait des morts, la paix fait des ravages.

*Article 10*

Le Vieux Con aimerait que l'économie soit au service de l'homme, et non pas l'inverse.

*Article 11*

Le Vieux Con redoute plus le silence des pantoufles que le bruit des bottes.

*Article 12*

Le Vieux Con trouve que trop de transparence rend flou.

*Article 13*

Le Vieux Con respecte les végans tout autant que les côtes de bœuf.

*Article 14*

Le Vieux Con considère que son bonheur et son plaisir ne sont pas des œuvres d'art et il n'apprécie pas qu'on les encadre.

*Article 15*

Le Vieux Con ne pense pas que la photo du sushi qu'il a dans son assiette mérite d'être envoyée à tous ses contacts.

*Article 16*

Le Vieux Con est convaincu que ce ne sont pas les Bisounours qui ont écrit les Droits de l'homme.

*Article 17*

Le Vieux Con considère que la légèreté et l'insouciance sont des qualités primordiales.

*Article 18*

Le Vieux Con estime que la peur est un moteur qui pollue le débat et augmente notre bilan carbone.

*Article 19*

Le Vieux Con pense que restreindre les libertés au nom de la liberté est une idée saugrenue.

*Article 20*

Le Vieux Con adore philosopher et raconter des conneries en même temps.

*Article 21*

Le Vieux Con est contre toute forme de violence, mais pense que, parfois, certaines baffes seraient méritées.

*Article 22*

Le Vieux Con revendique le droit de douter.

*Article 23*

Le Vieux Con peut volontiers comprendre les personnes qui ne sont d'accord avec aucun de ces points.

*Article 24*

Le Vieux Con est contre les chartes.

*Article 25*

Le Vieux Con estime que 25 points sont largement suffisants pour une charte et que Dieu, avec ses dix commandements, était un fainéant.

Pour le reste, tout est dans le livre et dans le spectacle.

Mais, n'hésitez pas à nous suggérer d'autres articles.

Écrivez-nous à cette adresse : clubdesvieux cons@gmail.com

Les meilleures idées seront retenues et viendront nourrir la charte.

Les auteurs seront récompensés par un truc qui reste à définir dans un article qui n'est pas encore écrit.

Pour sûr, vous aurez une invitation pour venir assister à une représentation de « VIEUX CON ».

Et hop !

# BULLETIN D'ADHÉSION AU CLUB DES VIEUX CONS MODERNES

*Oui, je désire recevoir la carte de membre !*

Nom : ..............................................................

Prénom : ..........................................................

Adresse : ..........................................................

Mail : ..............................................................

*Surtout pas l'âge, le sexe, on s'en fout.*

*Pas plus votre statut, votre métier, pareil on s'en fout.*

*Envoyez votre bulletin par courriel à l'adresse suivante :*

clubdesvieuxcons@gmail.com

*En retour vous sera postée une jolie carte d'adhérent avec tampon et signature.*

*Et hop !*

# Table des matières

*Imprimé en France*

Composition : Le vent se lève...

Achevé d'imprimer
sur les presses de la Nouvelle Imprimerie Laballery
58500 Clamecy

N° d'imprimeur : 305655
Achevé d'imprimer : février 2023
Dépôt légal : juin 2023